Curso

La diferencia entre aprobar
y sacar plaza

Auxiliar de Cocina

DIPUTACIÓN PROVINCIAL DE BURGOS

Accede a tu **Curso MAD360** y disfruta de los siguientes recursos:

AF212446

- Técnicas de Memoria 360.
- MADTEST: Test nivel PRO.
- Temario en formato digital.
- Planificación de estudio.
- Foro entre opositores hasta la fecha del examen.*
- Recursos y novedades exclusivas.
- Consulta sobre la oposición y el proceso selectivo.
- Actualizaciones legislativas (Boletines Oficiales) hasta 60 días antes de la fecha del examen.*

Para acceder al Curso MAD360** será necesaria la compra de todos los libros para esta especialidad de la edición 2024.

Valida los códigos que encuentras en la última página de tus libros y disfruta de la experiencia MAD360.

Infórmate en: mad.es/registro-campus

NOTA IMPORTANTE:

* Examen de esta categoría profesional correspondiente a la convocatoria publicada en el BOP de Burgos núm. 133, de 12 de julio de 2024, o hasta el 30 de septiembre de 2025, lo que se cumpla antes.

** El acceso al CURSO MAD360 estará disponible desde octubre de 2024 (algunos recursos podrían estar disponibles en fecha posterior). Tendrá una duración de 365 días, desde la validación de códigos, o hasta el 31 de marzo de 2026, lo que se cumpla antes.

MAD se reserva el derecho a ampliar dichas fechas.

Auxiliar de Cocina de la Diputación Provincial de Burgos

Septiembre, 2024

Auxiliar de Cocina de la Diputación Provincial de Burgos

Test

TERESA MARÍA TORRES FONSECA
LICENCIADA EN DERECHO

ANA MARÍA SERRANO BÁRCENA
LICENCIADA EN BIOLOGÍA

LIDIA MARINA PONCE MARTÍNEZ
LICENCIADA EN PSICOLOGÍA
MÁSTER EN TERAPIA FAMILIAR Y DE SISTEMAS

© 7 Editores Recursos para la Cualificación Profesional y el Empleo, S.L. (7 Editores)
© Los autores
Primera edición, septiembre 2024 (172 páginas)
Derechos de edición reservados a favor de 7 Editores
IMPRESO EN ESPAÑA
Diseño Portada: 7 Editores
Edita: 7 Editores
Avda. San Francisco Javier, 9 · Edificio Sevilla 2 · Planta 11 · Módulos 25-27 · 41018 Sevilla
Teléfono: 954 784 411 · WEB: www.mad.es · e-mail: administracion@7editores.com
ISBN: 978-84-142-8398-1
© "Editorial Mad" y "Eduforma" son nombres comerciales registrados de
7 Editores Recursos para la Cualificación Profesional y el Empleo, S.L.

Índice

MATERIAS COMUNES

GRUPO I

TEST N.º 1

La Constitución Española de 1978. Principios y estructura. Derechos y deberes fundamentales. La organización territorial del Estado. La Provincia

1. ¿En qué se fundamenta la Constitución Española?

a) En un Estado social y democrático de Derecho.
b) En la indisoluble unidad de la Nación española.
c) En la independencia de los poderes del Estado.
d) En la organización territorial del Estado.

2. Según el artículo 3 de la CE, el castellano es la lengua oficial del Estado y todos los españoles:

a) Tienen el deber de usar y el derecho de conocer el castellano.
b) Tienen el derecho y el deber de conocer el castellano.
c) Tienen el deber de conocer y el derecho de usar el castellano.
d) Tienen el derecho de conocer y usar el castellano.

3. La Constitución Española reconoce y garantiza el derecho a la autonomía:

a) De las nacionalidades que la integran.
b) De las regiones que la integran.
c) De las Comunidades Autónomas que la integran.
d) De las nacionalidades y regiones que la integran.

4. El Preámbulo de la Constitución:

a) Tiene en sí carácter de norma jurídica.
b) Es una declaración de intenciones, destinada a interpretar lo que se quiere alcanzar con el contenido normativo de la Constitución.
c) Se trata de un texto sin fuerza jurídica de obligar.
d) Las respuestas b) y c) son correctas.

11

5. Señala la respuesta correcta, respecto de la aprobación, ratificación y publicación de la Constitución Española:

a) Aprobada por las Cortes el 31 de octubre de 1978, ratificada por el pueblo en referéndum el 6 de diciembre de 1978 y publicada el 29 de diciembre de 1978.
b) Aprobada por las Cortes el 30 de octubre de 1978, ratificada por el pueblo en referéndum el 16 de diciembre de 1978 y publicada el 27 de diciembre de 1978.
c) Aprobada por las Cortes el 31 de octubre de 1978, ratificada por el pueblo en referéndum el 16 de diciembre de 1978 y publicada el 29 de diciembre de 1978.
d) Aprobada por las Cortes el 10 de octubre de 1978, ratificada por el pueblo en referéndum el 26 de diciembre de 1978 y publicada el 30 de diciembre de 1978.

6. ¿En qué parte de la Carta Magna se establece la exposición de motivos que impulsan la norma constitucional y los objetivos que con ella se pretenden alcanzar?

a) En el Título Preliminar.
b) En el Preámbulo.
c) En el Título I.
d) En el Título II.

7. La Constitución Española fue sancionada por:

a) El Rey.
b) El Presidente del Congreso.
c) Las Cortes Generales.
d) El Presidente del Gobierno.

8. ¿Cuáles de los siguientes españoles de origen pueden ser privados de su nacionalidad?

a) Exclusivamente los miembros de grupos terroristas.
b) Los miembros de grupos terroristas y los que atenten contra el Rey u otro miembro de la Casa Real.
c) Los que atenten contra un miembro de la Familia Real o del Gobierno de la Nación.
d) Ningún español de origen podrá ser privado de su nacionalidad.

9. Según la CE son fundamentos del orden político y la paz social:

a) La dignidad de la persona, los derechos violables que les son inherentes y el respeto a la ley.
b) La dignidad de la persona, el desarrollo limitado de la personalidad y el respeto a la ley.
c) El respeto a la ley, a los reglamentos administrativos y demás disposiciones legales.
d) La dignidad de la persona, los derechos inviolables que le son inherentes, el libre desarrollo de su personalidad, el respeto a la ley y a los derechos de los demás.

10. ¿Cuál de los siguientes es considerado por la CE como uno de los valores superiores del ordenamiento jurídico?

a) La jerarquía normativa.
b) El pluralismo político.
c) La publicidad normativa.
d) La equidad.

11. La forma política del Estado español es:

a) Democracia parlamentaria.
b) Gobierno parlamentario.
c) Monarquía parlamentaria.
d) República democrática.

12. La parte de la CE que regula la estructura de los principales órganos del Estado recibe el nombre de:

a) Parte dogmática.
b) Parte orgánica.
c) Parte estatal.
d) Parte estructural.

13. Según la CE, la soberanía nacional:

a) Corresponde a las Cortes Generales, al estar compuestas por los representantes del pueblo.
b) Corresponde al Rey.
c) Reside en el pueblo español.
d) Corresponde al Gobierno de la Nación elegido directamente por el pueblo.

14. ¿En qué parte de la Carta Magna se señalan los valores superiores del ordenamiento jurídico?

a) En el Preámbulo.
b) En el Título Preliminar.
c) En el Título I.
d) Ninguna respuesta es correcta.

15. ¿Cuál de las siguientes es una de las características de nuestra Constitución de 1978?

a) Consensuada.
b) Corta.
c) Conservadora.
d) Originalidad.

16. Son el fundamento del orden político y de la paz social:

a) El libre desarrollo de la personalidad.
b) Los derechos inviolables que les son inherentes.
c) El respeto a la ley y a los derechos de los demás.
d) Todas las respuestas son correctas.

17. ¿Qué quedará excluido de extradición?

a) Los delitos criminales.
b) Los delitos políticos.
c) Los actos de terrorismo.
d) Ninguno.

18. ¿Qué debe ser democrático, a tenor de lo dispuesto en la Constitución Española, en los sindicatos de trabajadores y las asociaciones empresariales?

a) Su funcionamiento.
b) Su estructura interna.
c) Su funcionamiento y estructura interna.
d) Sus órganos asamblearios.

19. ¿De cuántos Capítulos consta el Título I de la CE de 1978?

a) De tres.
b) De cinco.
c) De dos.
d) De cuatro.

20. El derecho a la propiedad en nuestra Constitución es un Derecho:

a) Inherente a la condición humana.
b) Absoluto.
c) Que está limitado por la función social de la misma.
d) Ninguna de las respuestas anteriores es correcta.

21. Dispone la Carta Magna que todos contribuirán al sostenimiento de los gastos públicos de acuerdo con su capacidad económica mediante un sistema tributario justo inspirado en los principios de:

a) Legalidad y equidad.
b) Igualdad y progresividad.
c) Publicidad y legalidad.
d) Eficacia y sostenibilidad.

22. En virtud del principio de progresividad tributaria:

a) Se implantarán paulatinamente cada vez mayores tributos.
b) Los tipos impositivos serán regresivos.
c) Prima el principio de igualdad en el pago de los tributos.
d) Nada de lo expuesto es cierto.

23. Según la Constitución, el Estado es:

a) Apolítico.
b) Aconfesional.
c) De bienestar social.
d) Federal.

24. El derecho a la vida se consagra en el siguiente artículo de la Constitución:

a) 10.
b) 16.
c) 15.
d) 24.

25. La pena de muerte en España:

a) Ha quedado abolida.
b) Puede aplicarse en cualquier momento.
c) Solo se aplicará, en tiempo de guerra, a los militares.
d) Rige solo en el ámbito civil.

26. La inmediata puesta a disposición judicial derivada del habeas corpus, se produce por:

a) Detención ilegal.
b) Prisión ilegal.
c) Prisión preventiva.
d) Detención preventiva.

27. El proceso en el que se enjuicie a un presunto delincuente debe:

a) Ser sumario.
b) No dilatarse.
c) Entorpecer los instrumentos probatorios.
d) Nada de lo anterior es cierto.

28. La entrada en un domicilio en caso de flagrante delito, sin autorización de su titular:

a) Puede dar lugar a la aplicación del habeas corpus.
b) Requiere autorización previa de la autoridad judicial.

c) Puede efectuarse en todo momento.
d) No puede realizarse en momento alguno.

29. Cuando, al conocerse la comisión de un delito por una persona, se acude a su domicilio para detenerla:

a) Está obligada a franquear la entrada.
b) Se necesitará autorización judicial para entrar, si no da su consentimiento para ello.
c) Pese a que no dé su consentimiento, se puede entrar.
d) Nada de lo anterior es correcto.

30. La autorización previa para celebrar una manifestación pública:

a) La da el Subdelegado del Gobierno en la Provincia.
b) Es ineludible.
c) Sería inconstitucional.
d) Se da cuando no se prevean alteraciones al orden público, con peligro para personas o bienes.

31. El tipo de sufragio que consagra la Constitución es el:

a) Proporcional.
b) Universal.
c) Censitario.
d) Las respuestas a) y b) son correctas.

32. Además de la no autoinculpación, la Constitución prevé que no se está obligado a declarar sobre un hecho presuntamente delictivo en caso de:

a) Parentesco y afinidad.
b) Cláusula de conciencia.
c) Secreto profesional.
d) Las respuestas a) y b) son correctas.

33. Los Tribunales de Honor están prohibidos respecto de los/la/las:

a) Sindicatos y Organizaciones Profesionales.
b) Administración Civil y Militar.
c) Organizaciones Profesionales y la Administración Civil.
d) Todas las respuestas anteriores son correctas.

34. El secreto profesional, constitucionalmente, sirve para:

a) Ejercer con libertad una profesión titulada.
b) La libertad de creación científica y técnica.

c) No declarar sobre hechos presuntamente delictivos.
d) Todo lo anterior.

35. La fundación de una Internacional Sindical por un sindicato español:

a) Es libre.
b) Está prohibida.
c) Debe plasmarse en un Tratado Internacional.
d) Nada de lo anterior es cierto.

36. El ejercicio del derecho de petición a través de una manifestación ciudadana:

a) No se admite.
b) Se admite en algún caso.
c) Se admite, salvo para los militares.
d) Ni se admite ni se prohíbe.

37. Nuestro sistema tributario ha de ser:

a) Regresivo e igualitario.
b) Progresivo y generalizado.
c) Confiscatorio.
d) Justo y regresivo.

38. Las Fundaciones son:

a) Entidades constituidas para fines de interés general.
b) Administración Corporativa.
c) Entidades privadas con fines de carácter también privado.
d) Asociaciones de personas para conseguir fines de interés general.

39. La asistencia de todo orden a los hijos habidos extraconyugalmente:

a) No está prevista en la Constitución.
b) Es un deber de los padres.
c) Se dispensará por Instituciones de Beneficencia.
d) Se dispensa solo a los que de ellos tengan discapacidad.

40. La especulación urbanística, según la Constitución:

a) Debe evitarse.
b) Está permitida.
c) Genera plusvalías para la colectividad.
d) Pueden hacerla los poderes públicos.

41. No es susceptible de recurso de amparo el derecho a la/de:

a) Sindicación.
b) Investigación científica.
c) Secreto de las comunicaciones.
d) Lo son todos ellos.

42. No es susceptible de recurso de amparo el derecho de:

a) Libertad de cátedra.
b) Negociación colectiva.
c) Manifestación.
d) Huelga.

43. Es susceptible de recurso de amparo el derecho a la/de:

a) Libre sindicación.
b) Petición.
c) Cláusula de conciencia.
d) Lo están todos ellos.

44. Una vez declarado el estado de excepción no se puede suspender el derecho/ libertad de:

a) Huelga.
b) Enseñanza.
c) Adopción de medidas de conflicto colectivo.
d) Libertad de circulación.

45. Durante el estado de excepción, un detenido conserva el derecho de/a:

a) Setenta y dos horas para ser puesto a disposición judicial.
b) Secreto de comunicaciones.
c) Asistencia de Letrado.
d) Ninguno de ellos.

46. Se puede suspender, con motivo de investigaciones relativas a bandas armadas, el derecho de:

a) Huelga.
b) Inviolabilidad del domicilio.
c) Libertad de circulación.
d) Las respuestas b) y c) son correctas.

47. Nuestra Constitución trata de los derechos y deberes fundamentales de los españoles en su Título I, denominado:

a) De los derechos y deberes fundamentales.
b) De los deberes de los españoles.
c) De los derechos de los españoles.
d) De los derechos y deberes principales de los españoles.

48. ¿En qué artículos de nuestra CE se recogen los derechos fundamentales y de las libertades públicas?

a) En los artículos 10 a 43.
b) En los artículos 25 a 38.
c) En los artículos 31 a 45.
d) En los artículos 15 a 29.

49. No pueden constituirse en Comunidades Autónomas los territorios:

a) Que no estén integrados en la organización provincial.
b) Que, no siendo superiores a una Provincia, tengan entidad regional histórica.
c) Que, no siendo superiores a una Provincia, no tengan entidad regional histórica.
d) Interinsulares.

50. La vía ordinaria de acceso a la autonomía por el artículo 143 de la Constitución se sigue por los/las:

a) Provincias con entidad regional histórica.
b) Territorios que en el pasado hubieren plebiscitado afirmativamente proyecto de Estatuto de Autonomía.
c) Provincia sin entidad regional histórica directamente.
d) Supuestos especiales de Ceuta, Melilla y Gibraltar.

51. Entre las determinaciones de los Estatutos de Autonomía no es necesario incluir la:

a) Delimitación de su territorio.
b) Denominación de las instituciones autónomas propias.
c) Denominación de la Comunidad.
d) Denominación, organización y sede de sus instituciones administrativas.

52. En las Comunidades Autónomas que siguen la vía común, el Proyecto de Estatuto será elaborado por la/los:

a) Asamblea de Parlamentarios que se constituye al efecto.
b) Comisión Constitucional del Congreso de los Diputados.
c) Diputación Provincial correspondiente.
d) Miembros de la Diputación u órgano interinsular y por los Diputados y Senadores elegidos por ellas.

53. El voto de ratificación por los Plenos del Senado y del Congreso de los Diputados se dará en el/las:

a) Comunidades Autónomas que siguen la vía común.
b) Comunidades Autónomas que siguen la vía especial.
c) Acceso a la autonomía de Ceuta y Melilla.
d) Acceso a la autonomía de Gibraltar.

54. La responsabilidad política del Presidente de una Comunidad Autónoma se exige por el/la:

a) Sala de lo Penal del Tribunal Supremo.
b) Congreso de los Diputados.
c) Tribunal Superior de Justicia de la Comunidad Autónoma.
d) Asamblea Legislativa de la Comunidad Autónoma.

55. La Asamblea Legislativa de las Comunidades Autónomas se elige:

a) Con criterios de representación territorial.
b) Con criterios de representación proporcional.
c) Por sufragio individual.
d) Con criterios de representación provincial.

56. Con el fin de corregir los desequilibrios económicos interterritoriales y hacer efectivo el principio de solidaridad, se constituye:

a) El Fondo de Compensación Interterritorial.
b) El Comité Económico Interterritorial.
c) El Consejo de Política Fiscal y Financiera.
d) El FASI.

57. Los Estatutos de Autonomía deberán contener el/la/las:

a) Competencias que se dejan al Estado y las que asume la Comunidad.
b) Competencias que, en función de la Constitución, asume cada Comunidad Autónoma.
c) Desarrollo de la Administración Autonómica.
d) División provincial y órganos de gobierno.

58. En la reforma de los Estatutos intervienen las Cortes Generales:

a) Siempre.
b) Nunca.
c) Solo cuanto se trata de Comunidades Autónomas que accedieron por la vía común.
d) En las Comunidades Autónomas de vía especial exclusivamente.

59. Los miembros de las Diputaciones u órganos interinsulares intervienen en la elaboración de los Estatutos de Autonomía:

a) En todo caso.
b) Nunca.
c) En las Comunidades Autónomas de vía común.
d) En las Comunidades Autónomas de vía especial.

60. Los Estatutos de Autonomía en la vía común se aprueban por el:

a) Congreso de los Diputados mediante ley orgánica.
b) Congreso de los Diputados y Senado por ley orgánica.
c) Congreso de los Diputados y Senado por ley ordinaria.
d) Parlamento Autonómico solamente.

61. La más alta representación de una Comunidad Autónoma la ostenta el:

a) Presidente del Parlamento Autonómico.
b) Presidente de la Comunidad Autónoma.
c) Rey.
d) Presidente del Gobierno de la Nación.

62. La asunción de competencias y de mayor autonomía por las Comunidades Autónomas es, como regla general:

a) Regresiva.
b) Progresiva.
c) Automática.
d) Inmediata.

63. En la elaboración por la vía común de los Estatutos de Autonomía:

a) No intervienen los Municipios afectados.
b) Intervendrán en todo caso.
c) Solo intervienen las Diputaciones Provinciales u órganos interinsulares.
d) Solo intervienen los Municipios y los Diputados y Senadores.

64. El principio de solidaridad consagrado por el artículo 138 de la Constitución exige una atención especial a:

a) Las Comunidades Autónomas de economía más deprimida.
b) Las Entidades de ámbito territorial inferior al municipal.
c) Todas las partes del territorio nacional.
d) Las Islas.

65. La federación de Comunidades Autónomas, según la Constitución:

a) Solo se permite respecto de las limítrofes.
b) Requiere Ley Orgánica de las Cortes Generales.
c) Ha de efectuarse previa reforma de la propia Constitución.
d) Está absolutamente prohibida.

66. Las Provincias podrán realizar:

a) La gestión ordinaria de servicios propios de la Administración Autonómica.
b) La gestión ordinaria de servicios propios de la Administración Estatal.
c) La gestión ordinaria de servicios propios de la comarcas.
d) Todas las respuestas son falsas.

67. Son competencias propias de la Diputación:

a) Cementerios y actividades funerarias.
b) Promoción del deporte e instalaciones deportivas y de ocupación del tiempo libre.
c) Tráfico, estacionamiento de vehículos y movilidad.
d) La prestación de los servicios de administración electrónica y la contratación centralizada en los municipios con población inferior a 20.000 habitantes.

68. No es una competencia de la Diputación:

a) La prestación de servicios públicos de carácter supramunicipal.
b) La coordinación de los servicios municipales entre sí.
c) La asistencia y cooperación jurídica, económica y técnica a los Municipios.
d) Policía local, protección civil, prevención y extinción de incendios.

69. Según la Constitución, a la Provincia sólo la pueden gobernar y administrar autónomamente los/las:

a) Diputaciones.
b) Plenos de las mismas.
c) Presidentes.
d) Diputaciones u otro tipo de Corporaciones representativas.

Solución al test n.º 1

1. b) En la indisoluble unidad de la Nación española.

2. c) Tienen el deber de conocer y el derecho de usar el castellano.

3. d) De las nacionalidades y regiones que la integran.

4. d) Las respuestas b) y c) son correctas.

5. a) Aprobada por las Cortes el 31 de octubre de 1978, ratificada por el pueblo en referéndum el 6 de diciembre de 1978 y publicada el 29 de diciembre de 1978.

6. b) En el Preámbulo.

7. a) El Rey.

8. d) Ningún español de origen podrá ser privado de su nacionalidad.

9. d) La dignidad de la persona, los derechos inviolables que le son inherentes, el libre desarrollo de su personalidad, el respeto a la ley y a los derechos de los demás.

10. b) El pluralismo político.

11. c) Monarquía parlamentaria.

12. b) Parte orgánica.

13. c) Reside en el pueblo español.

14. b) En el Título Preliminar.

15. a) Consensuada.

16. d) Todas las respuestas son correctas.

17. b) Los delitos políticos.

18. c) Su funcionamiento y estructura interna.

19. b) De cinco.

20. c) Que está limitado por la función social de la misma.

21. b) Igualdad y progresividad.

22. d) Nada de lo expuesto es cierto.

23. b) Aconfesional.

24. c) 15.

25. a) Ha quedado abolida.

26. a) Detención ilegal.

27. b) No dilatarse.

28. c) Puede efectuarse en todo momento.

29. b) Se necesitará autorización judicial para entrar, si no da su consentimiento para ello.

30. c) Sería inconstitucional.

31. b) Universal.

32. c) Secreto profesional.

33. c) Organizaciones Profesionales y la Administración Civil.

34. c) No declarar sobre hechos presuntamente delictivos.

35. a) Es libre.

36. a) No se admite.

37. b) Progresivo y generalizado.

38. a) Entidades constituidas para fines de interés general.

39. b) Es un deber de los padres.

40. a) Debe evitarse.

41. b) Investigación científica.

42. b) Negociación colectiva.

43. d) Lo están todos ellos.

44. b) Enseñanza.

45. c) Asistencia de Letrado.

46. b) Inviolabilidad del domicilio.

47. a) De los derechos y deberes fundamentales.

48. d) En los artículos 15 a 29.

49. d) Interinsulares.

50. a) Provincias con entidad regional histórica.

51. d) Denominación, organización y sede de sus instituciones administrativas.

52. d) Miembros de la Diputación u órgano interinsular y por los Diputados y Senadores elegidos por ellas.

53. b) Comunidades Autónomas que siguen la vía especial.

54. d) Asamblea Legislativa de la Comunidad Autónoma.

55. b) Con criterios de representación proporcional.

56. a) El Fondo de Compensación Interterritorial.

57. b) Competencias que, en función de la Constitución, asume cada Comunidad Autónoma.

58. a) Siempre.

59. c) En las Comunidades Autónomas de vía común.

60. b) Congreso de los Diputados y Senado por ley orgánica.

61. b) Presidente de la Comunidad Autónoma.

62. b) Progresiva.

63. a) No intervienen los Municipios afectados.

64. d) Las Islas.

65. d) Está absolutamente prohibida.

66. a) La gestión ordinaria de servicios propios de la Administración Autonómica.

67. d) La prestación de los servicios de administración electrónica y la contratación centralizada en los municipios con población inferior a 20.000 habitantes.

68. d) Policía local, protección civil, prevención y extinción de incendios.

69. d) Diputaciones u otro tipo de Corporaciones representativas.

TEST N.º 2

El Protocolo de Prevención de la Violencia Ocupacional en la Diputación de Burgos. El Protocolo de Prevención de Acoso en la Diputación de Burgos

1. Según el Instituto Nacional de Seguridad e Higiene en el Trabajo (INSHT), dentro de la violencia laboral se pueden distinguir varis varias situaciones. Señala la respuesta correcta:

a) Acoso personal y acoso discriminatorio.
b) Situaciones de acoso y violencia ocupacional.
c) Violencia laboral y situaciones de acoso.
d) Riesgo laboral psicosocial y violencia en el trabajo.

2. Señala la respuesta incorrecta. Según la Organización Mundial de la Salud (OMS), la violencia en el trabajo está definida como «aquellos incidentes en los que la persona es objeto de malos tratos, amenazas o ataques en circunstancias relacionadas con su trabajo, incluyendo el trayecto entre el domicilio y el trabajo, con la implicación de que se amenace explícita o implícitamente su:

a) Seguridad.
b) Salud.
c) Bienestar.
d) Independencia económica.

3. La Ley 31/1995, de 8 de noviembre, sobre Prevención de Riesgos Laborales, en el artículo 14.2 afirma que «el empresario deberá garantizar la seguridad y la salud de los trabajadores a su servicio en todos los aspectos relacionados con su trabajo». Esta ley garantiza el derecho a una protección eficaz en materia de seguridad y salud en el trabajo, que incluya no solo la prevención y protección frente a riesgos que puedan ocasionar daños físicos, sino también frente a riesgos que puedan originar menoscabos en:

a) La propia organización.
b) La economía particular de los trabajadores.

c) La salud psíquica de los empleados.
d) Las relaciones familiares de los trabajadores.

4. El Protocolo de Prevención de la Violencia Ocupacional constituye un instrumento de la Diputación Provincial de Burgos cuyo objeto principal es:

a) Establecer las actuaciones a realizar en materia de prevención, resolución y seguimiento de las situaciones de violencia ocupacional en los servicios y centros de la Entidad.
b) Facilitar la recuperación de la persona víctima de violencia ocupacional, una vez acreditados los hechos.
c) Instaurar un modelo común de actuación frente a los hechos constatados.
d) Procurar unas relaciones laborales basadas en el entendimiento y la tolerancia.

5. Señala la respuesta que no corresponda. El Protocolo de Prevención de la Violencia Ocupacional contiene, como aspectos importantes:

a) Establecer un modelo común de actuación.
b) Dignificar el trabajo y la seguridad de los empleados públicos de la Diputación Provincial de Burgos.
c) Aportar un sistema de garantías y apoyos suficientes para los empleados expuestos a conductas violentas.
d) Consensuar con otros organismos las medidas y estrategias preventivas.

6. Señala cuál de los siguientes NO será un criterio general bajo el que actuará la Diputación Provincial de Burgos a través del Protocolo de Prevención de la Violencia Ocupacional:

a) Identificación de la persona acosadora.
b) Protección.
c) Prevención.
d) Libertad para vivir una vida libre de violencia.

7. Algunos de los principios básicos que se garantizarán con el Protocolo de Prevención de la Violencia Ocupacional, son:

a) Objetividad, celeridad y reserva.
b) Indemnidad, compañerismo y protección.
c) Dignidad, intimidad e integridad física.
d) Confidencialidad, celeridad e imparcialidad.

8. Con el fin de esclarecer los hechos denunciados y garantizar los derechos de todos los afectados, se respetará:

a) El derecho de admisión.
b) El principio de contradicción.

c) La indemnidad de cualquiera de las personas implicadas.
d) El principio de diligencia.

9. Según la clasificación que se incluye en el Protocolo de Prevención de la Violencia Ocupacional, la agresión verbal y las actitudes amenazantes NO incluye:

a) Insultos y palabras groseras.
b) Amenazas.
c) Coacciones.
d) Injurias.

10. Señala la respuesta incorrecta. Los efectos laborales que puede ocasionar la violencia ocupacional, según sus consecuencias, son:

a) Accidentes sin baja.
b) Accidentes con baja.
c) Incidentes.
d) Baja por incapacidad permanente.

11. En la violencia laboral, lo más habitual en el tipo III es que:

a) Se refiere a acciones con ánimo de robo.
b) Son hechos violentos que se producen mientras se ofrece un servicio.
c) El objetivo de la acción violenta fijado por el agresor sea un compañero de trabajo o un superior suyo.
d) No existe relación laboral o profesional de trato entre el agresor y la víctima.

12. Señala la respuesta que no corresponda. El procedimiento de prevención y actuación frente a las agresiones consta de varias fases, como son:

a) Evaluación.
b) Diagnóstico.
c) Intervención.
d) Prevención.

13. ¿En qué fase del procedimiento de prevención y actuación frente a las agresiones, el servicio de Prevención realizará la identificación de aquellas condiciones de trabajo que pueden facilitar la aparición de violencia en el trabajo?:

a) Evaluación.
b) Diagnóstico.
c) Intervención.
d) Prevención.

14. El servicio de Prevención realizará la identificación de aquellas condiciones de trabajo que pueden facilitar la aparición de violencia en el trabajo, atendiendo especialmente a:

a) Las instrucciones básicas de actuación que hayan entregado a los empleados.
b) Las posibles denuncias que existan en ciertos puestos de trabajo.
c) El entorno, el lugar y la organización de trabajo.
d) Los datos preliminares incluidos en la documentación aportada en la denuncia.

15. La Comisión de Instrucción creada para la investigación de supuestos de violencia ocupacional en el ámbito laboral, tras los análisis de los datos, podrá hacer propuestas en el plazo máximo de:

a) Cuarenta días naturales.
b) Quince días hábiles.
c) Veinte días naturales.
d) Veinte días hábiles.

16. El Protocolo de Prevención de Acoso elaborado por la Diputación Provincial de Burgos tiene como objeto principal:

a) Establecer las actuaciones a realizar en materia de prevención, resolución y seguimiento de las situaciones de violencia ocupacional en los servicios y centros de la Entidad.
b) Instaurar un modelo común de actuación frente a los hechos constatados.
c) Definir el marco de actuación en relación a los casos de acoso de cualquier tipo que se puedan producir en la Diputación de Burgos e Instituto Provincial para el Deporte y Juventud.
d) Organizar los distintos departamentos, de modo que se pueda prevenir el acoso en la Entidad.

17. Según el Protocolo de Prevención de Acoso de la Diputación Provincial de Burgos, las modalidades de acoso son las siguientes, excepto una. Indica cuál:

a) Acoso sexual.
b) Acoso por razón de sexo.
c) Acoso moral o psicológico.
d) Acoso laboral.

18. ¿Qué tipo de acoso sexual se distingue por la existencia de coacción?:

a) Acoso "quid pro quo".
b) Acoso ambiental.
c) Acoso por razón de sexo.
d) Acoso moral.

19. Como consecuencia de actitudes y comportamientos no deseados de naturaleza sexual, el acosador crea un entorno de trabajo intimidatorio, hostil, degradante, humillante u ofensivo para la víctima. Nos referimos a:

a) Acoso "quid pro quo".
b) Acoso ambiental.
c) Acoso por razón de sexo.
d) Acoso moral.

20. Los condicionantes mínimos para reconocer el acoso moral o psicológico en el entorno laboral entre personas son los siguientes, excepto uno. Indica cuál:

a) Recurrencia.
b) Intención.
c) Ocultación.
d) Daños.

21. Con respecto al acoso moral o psicológico, se denomina bossing al acoso:

a) Simétrico.
b) Ascendente.
c) Horizontal.
d) Descendente.

22. Indica cuál de las siguientes se considera una conducta de acoso moral o psicológico en el entorno laboral:

a) Cuando se producen acciones de violencia en el trabajo, realizadas desde una posición prevalente de poder respecto a la víctima, pero éstas no sean realizadas de forma reiterada y prolongada en el tiempo.
b) Criticar alguna circunstancia personal, actitud o creencia política, religiosa, etc.
c) El ejercicio de la autoridad propio del superior jerárquico para trabajar más o mejor.
d) Un cambio de lugar o de centro de trabajo sin consulta previa pero justificada o un cambio de turno no programado, entre otros.

23. ¿Qué fase del acoso moral comienza con la adopción, por una de las partes en conflicto, de las distintas conductas definitorias de acoso?:

a) Fase de conflicto.
b) Fase de estigmatización.
c) Fase de intervención desde la empresa.
d) Fase de marginación.

24. Los grados de acoso moral vienen determinados por algunas características. Señala el que no corresponda:

a) Entorno.
b) Duración.
c) Intensidad.
d) Frecuencia.

25. ¿En qué grado se encuentra el acoso moral cuando a la persona le resulta difícil poder eludir los ataques y humillaciones de las que es objeto; en consecuencia, el mantenimiento o reincorporación a su puesto de trabajo es más costosa?:

a) Primer grado.
b) Segundo grado.
c) Tercer grado.
d) Cuarto grado.

26. Algunas de las medidas de prevención dirigidas a responsables o mandos intermedios serán:

a) Campañas divulgativas.
b) Puesta en práctica del Protocolo.
c) Cursos de formación.
d) Defensa y apoyo solidario a compañeros.

27. Según el Protocolo de Prevención de Acoso de la Diputación Provincial de Burgos, el procedimiento de actuación frente a conductas inadecuadas o violentas constará de varias fases. Indica el que no corresponda:

a) Tramitación.
b) Inicio.
c) Finalización.
d) Investigación.

28. Señala la respuesta incorrecta. Las denuncias y quejas de los empleados, plasmadas en una solicitud:

a) Deberán sustentarse en información fiable y detallada.
b) Pueden ser conocidas o anónimas.
c) Se realizarán en cualquier medio del que quede constancia, por escrito e incluido el correo electrónico.
d) Irán acompañadas de cualquier documento o medio de prueba que se considere pertinente.

29. En la tramitación del procedimiento, las primeras actuaciones implicarán que las denuncias deberán sean investigadas y analizadas sin dilaciones indebidas, de forma ágil y fiable en el plazo máximo de:

a) Cuarenta días naturales.
b) Quince días hábiles.
c) Veinte días naturales.
d) Veinte días hábiles.

30. El archivo de la denuncia sólo se producirá en algunos de los siguientes aspectos, excepto uno. Indica cuál:

a) Desistimiento por escrito del denunciante, salvo que la gravedad de los hechos aconseje la continuación de la tramitación.
b) Falta de objeto o insuficiencia de indicios.
c) Existencia de una conducta no calificable como acoso.
d) La condición de jefe superior del presunto acosador laboral sobre el denunciante.

Solución al test n.º 2

1. b) Situaciones de acoso y violencia ocupacional.

2. d) Independencia económica.

3. c) La salud psíquica de los empleados.

4. a) Establecer las actuaciones a realizar en materia de prevención, resolución y seguimiento de las situaciones de violencia ocupacional en los servicios y centros de la Entidad.

5. d) Consensuar con otros organismos las medidas y estrategias preventivas.

6. a) Identificación de la persona acosadora.

7. d) Confidencialidad, celeridad e imparcialidad.

8. b) El principio de contradicción.

9. c) Coacciones.

10. d) Baja por incapacidad permanente.

11. c) El objetivo de la acción violenta fijado por el agresor sea un compañero de trabajo o un superior suyo.

12. a) Evaluación.

13. b) Diagnóstico.

14. c) El entorno, el lugar y la organización de trabajo.

15. d) Veinte días hábiles.

16. c) Definir el marco de actuación en relación a los casos de acoso de cualquier tipo que se puedan producir en la Diputación de Burgos e Instituto Provincial para el Deporte y Juventud.

17. d) Acoso laboral.

18. a) Acoso "quid pro quo".

19. b) Acoso ambiental.

20. c) Ocultación.

21. d) Descendente.

22. b) Criticar alguna circunstancia personal, actitud o creencia política, religiosa, etc.

23. b) Fase de estigmatización.

24. a) Entorno.

25. b) Segundo grado.

26. c) Cursos de formación.

27. d) Investigación.

28. b) Pueden ser conocidas o anónimas.

29. a) Cuarenta días naturales.

30. d) La condición de jefe superior del presunto acosador laboral sobre el denunciante.

MATERIAS ESPECÍFICAS

GRUPO II

TEST N.º 3

El local de cocina. Condiciones que debe reunir. Departamentos de cocina: funciones y misiones. Equipamiento. Distribución del trabajo en cocina

1. ¿De qué depende la gestión de una cocina de colectividades?

a) Depende del tipo de actividad que se desarrolle, y de las características y número de comensales.

b) Exclusivamente del número de comensales.

c) Del número de comensales y de la capacidad de las instalaciones.

d) De la capacidad de las instalaciones, del tipo de actividad que se desarrolle, y de las características y número de comensales.

2. Cuando la gestión del servicio de cocina de un centro la lleva a cabo una empresa pública o privada, contratada por el centro para tal fin, decimos que pertenece a la modalidad de explotación de:

a) Internalización.

b) Autogestión.

c) Externalización.

d) Centralización.

3. ¿Cómo se denomina al servicio de cocina cuando la comida se elabora en las instalaciones propias de una empresa privada, y es transportada y distribuida en el mismo por el personal de la institución sanitaria?

a) Servicio interno de cocina centralizado.

b) Servicio interno de cocina descentralizado.

c) Servicio de cocina autogestionado.

d) Servicio de catering.

4. ¿Qué zona de la estructura del área de cocina no se ubica propiamente en la cocina central?

a) Fuegos abiertos intercambiables.
b) Plonge.
c) Plancha caliente.
d) Parrilla.

5. ¿Cuántas partidas básicamente existen en la organización de la cocina para colectividades?

a) 2.
b) 3.
c) 4.
d) 5.

6. ¿Cómo se denomina también al grupo de la cocina catalogado de "cuarto frío"?

a) Salsero.
b) Despensero.
c) Entremetier o entremesero.
d) Pastelero.

7. ¿Qué partida poseerá cámaras frigoríficas, con departamentos separados para carnes, pescados y hortalizas?

a) Partida de salsero.
b) Partida de despensero.
c) Partida de entremetier o entremesero.
d) Partida de pastelero.

8. ¿En qué partida es frecuente que no se disponga de cocina para la elaboración de algunos platos, que posteriormente se sirvan fríos, aunque luego vuelvan a la misma después de pasar por otra?

a) Partida de salsero.
b) Partida de cuarto frío.
c) Partida de entremetier o entremesero.
d) Partida de pastelero.

9. ¿Dónde existirán rustideras como dotación de partida de unidad de cocina?

a) Partida de salsero.
b) Partida de cuarto frío.
c) Partida de entremetier o entremesero.
d) Son ciertas las respuestas a) y c).

10. ¿Cuál de estas consideras que es la última etapa que se lleva a cabo en la cocina centralizada?

a) Recepción de la materia prima.
b) Distribución de lo elaborado.
c) Emplatado de lo elaborado.
d) Preparación.

11. ¿Qué se logra con el uso de carros térmicos adecuados y vehículos de transportes acondicionados cuando haya que llevar la comida preparada en la cocina central a otras instituciones sanitarias más o menos cercanas que no dispone del servicio?

a) Que se mantengan apropiadamente las condiciones higiénicas.
b) Que se conserven adecuadamente las características organolépticas de los alimentos hasta destino.
c) Que se aseguren las condiciones de temperatura y presentación a la hora de su consumo, como si fuese en el centro de origen.
d) Todo lo anterior se consigue.

12. ¿Qué sistema de servicio de cocina dedicado a colectividades en general, es el más empleado en la actualidad al mejorar la calidad del producto?

a) Sistema de elaboración externa tipo catering.
b) Sistema de elaboración interna con unidad de producción externa.
c) Sistema de cocina centralizada.
d) Sistema de elaboración interna con unidad de producción externa y provisión externa.

13. ¿Qué dato no es una ventaja de la cocina centralizada?

a) Higiene máxima.
b) Mayor desperdicio de alimentos, aunque más económico, ya que no se ajustan bien las raciones necesarias.
c) Mejor presentación.
d) Idónea temperatura de las comidas.

14. ¿Dónde se manipula los alimentos en la cocina centralizada?

a) En la cocina.
b) En su transporte.
c) En su distribución por plantas.
d) En todos los lugares anteriores.

15. ¿Qué dato es falso respecto a la higiene y manipulación de alimentos en la cocina centralizada?

a) En la cocina centralizada se reduce al máximo las personas que manipulan los alimentos.

b) Los alimentos nunca salen de la cocina centralizada emplatados, esto es un proceder posterior.

c) No existe contacto entre materiales u objetos contaminados, y materiales u objetos limpios.

d) Las diferentes actividades a efectuar en la cocina están físicamente separadas.

16. ¿Qué característica es incorrecta de la cocina centralizada?

a) Los locales destinados para cocina solo se emplean para este fin establecido, no para otros.

b) Debe poseer el espacio suficiente para el desarrollo de la actividad a realizar.

c) Debe existir un difícil acceso desde la zona de recepción de materia prima hasta la cocina, para evitar contaminaciones innecesarias.

d) Los suelos deben ser antideslizantes.

17. Respecto a la ventilación de la cocina centralizada todo será cierto, excepto que:

a) Podrá ser natural.

b) Podrá ser artificial.

c) Tendrá siempre un sistema de renovación de aires.

d) Los flujos de aire irán desde las "zonas sucias" a las "zonas limpias".

18. ¿Qué actividades en la cocina centralizada deben mantener unas condiciones extremas de limpieza y sin riesgos para el paciente?

a) Lavado y pelado de verduras crudas.

b) La manipulación de carne cruda.

c) La elaboración de platos fríos.

d) La manipulación de pescado crudo.

19. ¿Qué requisito debe cumplir el sistema de cocina centralizada para su buen funcionamiento?

a) Separación de las zonas de trabajo.

b) Circuitos cortos.

c) Marcha adelante.

d) Todo lo anterior es cierto.

20. El concepto de "marcha adelante" en el sistema de cocina centralizada significa:

a) Que las tareas deben realizarse siempre en un orden, en un sentido de avance según áreas y siguiendo los caminos más cortos.

b) Que las tareas se realizarán independientemente de un orden, en un sentido de avance aunque sea necesario realizarlo en otras áreas y siguiendo los caminos más cortos.

c) Se pretende que los alimentos regresen hacia atrás, en algún punto del proceso, para llevar a cabo un control de calidad de las actividades efectuadas hasta ese momento, aunque sea un camino más largo.

d) Nada de lo anterior es cierto.

21. ¿Con qué tipo de locales no pueden comunicar directamente las dependencias o instalaciones de la unidad de cocina?

a) Servicios higiénicos y aseos.

b) Vestuarios.

c) Plonge.

d) Con los indicados en las respuestas a) y b).

22. Con el principio de marcha adelante:

a) Se evitarán las contaminaciones cruzadas.

b) Se podrá conseguir que un alimento retroceda a una etapa anterior.

c) Se conseguirá que no exista la separación de zonas de trabajo, y con ello mejor visión del conjunto de trabajo.

d) Se evitará el establecimiento de circuitos que perjudican la organización.

23. ¿Qué actividades de estas requieren de un especial grado de limpieza para evitar la contaminación de los alimentos?

a) Lavado de vajilla y material de cocina, así como de verduras y hortalizas.

b) Distribución de platos calientes y almacenamiento de vajilla limpia.

c) Recepción y almacenamiento de materias primas.

d) Todas las respuestas anteriores son correctas.

24. ¿Qué actividades de estas realizadas profesional y adecuadamente no deben generar contaminación?

a) Traslado y almacenamiento de residuos.

b) Limpieza de aves y pescado.

c) Pelado de verduras y hortalizas.

d) Emplatado.

25. Todo lo que se expone de los circuitos sucio/limpio en cocina es falso, excepto:

a) El área sucia (de preparación) se situará entre el área de almacenamiento.
b) Las partes de la zona limpia que se abran no es necesario que estén provistas de rejillas, ya que ahí no entran insectos.
c) Los circuitos limpio y sucio nunca deben de cruzarse en cocina.
d) En la zona limpia incluimos las zonas de lavado, de almacén, y salida de desperdicios.

26. ¿Qué partida elabora corrientemente los segundos platos y los platos "fuertes"?

a) Partida de entremetier.
b) Partida de salsero.
c) Partida de pastelero.
d) Partida de despensero.

27. ¿Cuántas categorías de cocina poseerá cada partida en la organización de la cocina?

a) Dos: cocineros y jefe de partida.
b) Tres: cocineros, pinches y Maitre supervisor.
c) Dos: cocineros y pinches.
d) Tres: cocineros, pinches y jefe de partida.

28. ¿Qué función no realiza la partida de despenseros?

a) Despiece, limpieza y fileteado de carnes.
b) Elaboración de platos fríos, entremés y paté.
c) Limpieza y fraccionamiento de pescado.
d) Elaboración de asados.

29. El propio diseño del local se hará teniendo en cuenta siempre:

a) La experiencia del personal de cocina.
b) El gusto de los comensales.
c) La ubicación y distribución de maquinaria, herramientas y utensilios de cocina.
d) El diseño del servicio de radiología.

30. ¿Quiénes determinan en primer lugar el espacio, y por tanto la distribución, número y tamaño de los equipos en la cocina?

a) Métodos de elaboración, en cuanto número de menús diarios.
b) Las necesidades en cuanto número de menús diarios.
c) Las características de la instalación.
d) Las materias primas que se van a utilizar.

31. ¿A qué principio atenderá la manera en la que se debe hacer la distribución de equipos en la cocina?

a) Se basará en el principio de marcha adelante.
b) Se basará en el principio de separación de zonas de trabajo.
c) Se basará en el principio de conexión entre las distintas fases del proceso.
d) Se atenderá atendiendo a todos los anteriores principios.

32. ¿Cuál de estas será la última zona de la cocina al final del proceso?

a) Zona de recepción.
b) Zona de preparación.
c) Zona de distribución.
d) Zona de elaboración.

33. ¿Dónde se ubicará la zona de recepción en la cocina?

a) Estará ubicada en la planta baja, cercana a las cámaras y almacenes, y comunicada con la zona de preparación.
b) Estará ubicada en la planta media, comunicada con la zona de distribución.
c) Estará ubicada en la planta alta, comunicada con la zona de elaboración.
d) Estará ubicada en la planta baja, cercana a la planta media y comunicada con las zonas de distribución y elaboración.

34. ¿Qué factores pueden influir en las condiciones ambientales de las cámaras frigoríficas en la zona de almacenamiento de la cocina?

a) Golpes.
b) Movilidad y presión atmosférica.
c) Temperatura y humedad.
d) Ninguno de los anteriores son correctos.

35. La zona de desperdicios y basuras estará aparte de todas las zonas de la cocina y solo se comunicará con la zona de:

a) Almacenamiento.
b) Preparación.
c) Recepción.
d) Distribución.

36. La zona de elaboración en la cocina puede llamarse también zona de:

a) Almacenamiento.
b) Preparación.
c) Cocción.
d) Distribución.

37. ¿Dónde se realiza el racionado de la comida, emplatado, distribución y servicio, en la cocina?

a) En la zona de almacenamiento.
b) En la zona de preparación.
c) En la zona de recepción.
d) En la zona de distribución.

38. ¿Qué útiles o equipos de la cocina se encenderán o conectarán en el momento de su uso?

a) Freidoras.
b) Las planchas.
c) Las placas.
d) Nada de lo anterior, ya que el calentamiento no es inmediato.

39. Cuando el avance es siempre en el mismo sentido, de forma tal que la entrada de la materia prima y la salida de los alimentos elaborados están dispuestas en lugares opuestos se dice que la distribución de la cocina centralizada es:

a) Lineal.
b) Cíclica.
c) En L.
d) En U.

40. ¿Cómo se denomina la distribución según estén las secciones de la cocina cuando la entrada de la materia prima y la salida de los platos elaborados se disponen en lugares opuestos, el avance es en un sentido, pero en algún punto se produce un ángulo para aprovechar el espacio?

a) Lineal.
b) Cíclica.
c) En L.
d) En U.

41. ¿En qué organización y distribución adecuada de las zonas de trabajo de la unidad de cocina central el avance en la marcha hace un giro de 180° con cambio de sentido?

a) Lineal.
b) Cíclica.
c) En L.
d) En U.

42. La cocina se divide en:

a) Unidades.
b) Secciones.

c) Partidas.
d) Áreas culinarias.

43. El profesional de mayor rango de una partida será:

a) Jefe de partida.
b) Gobernanta.
c) Cocinero/a.
d) Auxiliar de cocina.

44. ¿Cuántas partidas existen generalmente en una cocina para colectividades?

a) 1.
b) 2.
c) 3.
d) 4.

45. ¿Qué partida de estas no suele existir?

a) Partida de salsero.
b) Partida de charcutero.
c) Partida de entremetier.
d) Partida de pastelero.

46. El local de ubicación de las cocinas deberá:

a) Estar en la planta alta de un centro, para mejor recepción de materia prima.
b) Tener acceso desde el exterior para vehículos industriales y a ser posible con muelle de carga.
c) Estar centrado con respecto a las habitaciones con el fin de que las distancias sean lo menores posibles a la hora de la distribución de las comidas.
d) Son ciertas las respuestas b) y c).

47. ¿Qué orden de estos es el que debe tener las zonas de la unidad de cocina?

a) Zona de recepción de mercancías, zona de elaboración, zona de distribución, zona de lavado de vajillas y carros, zona de almacenes y cámaras frigoríficas, zona de preparación, zona de basuras y zona de aseos y vestuarios.
b) Zona de almacenes y cámaras frigoríficas, zona de recepción de mercancías, zona de preparación, zona de elaboración, zona de distribución, zona de lavado de vajillas y carros, zona de basuras y zona de aseos y vestuarios.
c) Zona de distribución, zona de almacenes y cámaras frigoríficas, zona de recepción de mercancías, zona de preparación, zona de elaboración, zona de lavado de vajillas y carros, zona de basuras y zona de aseos y vestuarios.
d) Zona de recepción de mercancías, zona de almacenes y cámaras frigoríficas, zona de preparación, zona de elaboración, zona de distribución, zona de lavado de vajillas y carros, zona de basuras y zona de aseos y vestuarios.

48. ¿Qué características debe poseer, de las que se nombran, la superficie de la cocina?

a) Permeable, atóxica y resistente a la corrosión.
b) Impermeable, dura y con esquinas curvas.
c) Plástica, de fácil limpieza y resistente a la corrosión.
d) Impermeable, atóxica y resistente a la corrosión.

49. ¿Con qué tipo de locales no pueden comunicar directamente las dependencias o instalaciones de la unidad de cocina?

a) Servicios higiénicos y aseos.
b) Vestuarios.
c) Plonge.
d) Con los indicados en las respuestas a) y b).

50. ¿Cuántas renovaciones por hora poseerá el sistema de ventilación del almacén general de la unidad de cocina?

a) 1.
b) 2.
c) 10.
d) 50.

51. ¿Cuánta como mínimo (en lux) será la iluminación artificial de los almacenes de la unidad de cocina?

a) 100.
b) 150.
c) 200.
d) 350.

52. ¿Qué condiciones de las cámaras frigoríficas es falsa de la unidad de cocina?

a) Serán de planta cuadrada o rectangular de tipo desmontable.
b) Las superficies serán permeables a las condensaciones y a la humedad, y de fácil limpieza.
c) Las puertas cerrarán con dispositivos herméticos, y se abrirán por dentro y por fuera.
d) Todos los accesorios interiores y estantes serán desmontables y de materiales fáciles de limpiar.

53. ¿Qué departamento de estos de un equipo frigorífico de una unidad de cocina poseerá mayor superficie?

a) Cámara de pescados.
b) Cámara de carnes.

c) Congelados de carnes.
d) Congelados de pescado.

54. ¿Cuántas campanas de extracción se dispondrán en la propia cocina de una unidad de cocina?

a) 3.
b) 5.
c) Al menos 8.
d) Tantas como conjunto de cocederos.

55. A nivel eléctrico, ¿qué sensibilidad poseerán las protecciones diferenciales?

a) 100 mA.
b) 80 mA.
c) 60 mA.
d) 30 mA.

56. El nivel de iluminación estará calculado en la unidad de cocina para un valor de:

a) 200 lux.
b) 350 lux.
c) 500 lux.
d) 1000 lux.

57. ¿De qué material deben ser las tuberías de desagüe dentro de las condiciones que debe reunir el sistema de fontanería de una cocina de una unidad de cocina?

a) Plomo.
b) Cobre.
c) Aluminio.
d) PVC.

58. ¿Qué zona de trabajo en la unidad de cocina central dispone de un muelle de carga y descarga con acceso para vehículo de transporte?

a) Sección de almacenamiento.
b) Sección de preparación.
c) Sección de recepción de materia prima.
d) Sección de elaboración.

59. Generalmente en la sección de recepción de materia prima, en la Unidad de Cocina Central, se efectúa un control de calidad de tipo físico, que es:

a) De humedad.
b) De pH.

c) De temperatura.

d) De composición.

60. ¿En qué recinto de la sección de almacenamiento, en la unidad de cocina central, se debe mantener los alimentos a una temperatura entre 0 y 4ºC?

a) Cámara almacén de productos secos.

b) Cámara almacén de conservas.

c) Cámara de refrigeración.

d) Cámara de congelación.

61. ¿Qué alimentos estarán entre 15 y 18 ºC en la sección de almacenamiento, en la unidad de cocina central?

a) Verdura fresca.

b) Conservas.

c) Pescado fresco.

d) Pescado congelado.

62. ¿Qué actividad de estas no se realiza en la zona de preparación de carnes, en la unidad de cocina central?

a) Despiece.

b) Escurrido.

c) Fileteado.

d) Picado.

63. Las sierras cortadoras en la zona de preparación del pescado corrientemente se emplearán para:

a) Despiece de carne.

b) Cortar huesos de animales.

c) Trocear pescado congelado.

d) Se empleará para todo lo anterior.

64. ¿Cómo se denomina la zona de la unidad de cocina central donde se cuecen los alimentos, siguiendo distintos métodos y empleando equipamiento específico en función del servicio que prestan?

a) Sección de emplatado.

b) Sección de elaboración.

c) Sección de preparación.

d) Sección de distribución.

65. Los platos elaborados que se sirven fríos:

a) Se servirán a temperatura ambiente.

b) Se conservarán en cámaras de refrigeración hasta ser servidos.

c) Se conservarán en cámaras de congelación hasta ser servidos.
d) Es previa la ultra congelación rápida.

66. La sección de asados estará en la cocina en la zona de:

a) Producción y elaboración.
b) Recepción.
c) Preparación.
d) Almacenamiento.

67. Algunos platos, tras su elaboración, necesitan ser terminados de forma definitiva, esencialmente para su presentación, envasado, u otras operaciones finales antes de su consumo, y esto se realizará en la zona:

a) Final.
b) De emplatado.
c) De acabado.
d) De enlucido.

68. ¿Cómo se denomina el sistema móvil de emplatado que no se detiene y siempre se desplaza en el mismo sentido?

a) Emplatado de fijación.
b) Emplatado de movilidad.
c) Cinta de emplatado.
d) Cinta de empaquetado.

69. ¿Quién controlará en la zona de emplatado que las comidas marcadas para determinados pacientes son las que se ajustan a las dietas prescritas?

a) Piches.
b) Auxiliares de Enfermería.
c) Dietistas.
d) Maitres.

70. Los platos de la unidad de cocina central salen:

a) En bateas de raciones múltiples y semiabiertos.
b) En bandejas individuales, cerradas y sin diferenciar los diferentes platos del menú.
c) En bandejas individuales, abiertas y diferenciando primer plato y postre.
d) En bandejas individuales, cerradas y diferenciando primer plato, segundo, pan… sin riesgo a que estos se desplacen.

71. El proceso de distribución incluye:

a) Exclusivamente el transporte de la comida desde la cocina hasta las unidades de consumo.
b) Exclusivamente el transporte posterior con la vajilla sucia, de vuelta a la cocina desde las unidades de consumo.

c) El transporte de la comida desde la cocina hasta las unidades de consumo y el transporte posterior con la vajilla sucia, de vuelta a la cocina desde las unidades de consumo.

d) El transporte de la comida desde la cocina hasta las unidades de consumo y el transporte posterior con la vajilla sucia, de vuelta a la cocina desde las unidades de consumo. Así como el transporte del carro a las zonas de lavado.

72. La zona de lavado facilita el empleo de utensilios limpios a otras zonas de la cocina, por ello debe:

a) Estar anexa a la unidad de cocina.
b) Integrada en la unidad de cocina.
c) Alejada de la unidad de cocina.
d) Es indiferente donde se encuentre.

73. El plonge es realmente la zona de lavado de:

a) Baterías.
b) Vajillas.
c) Carros.
d) Bandejas.

74. Las sartenes, cazuelas y elementos móviles del resto de equipamiento se lavarán en:

a) Lavavajillas.
b) Plonge.
c) En sección de lavado de carros.
d) En sección de lavado de bandejas y otros.

75. ¿Cuántos senos poseerá el plonge?

a) 1.
b) 2.
c) 3.
d) 4.

76. ¿De qué material es el plonge?

a) De hierro colado.
b) De aluminio.
c) De acero inoxidable.
d) De PVC.

77. ¿Qué sistema en la zona de lavado es aquel en el cual el personal de planta introduce las bandejas en los carros, y una vez en cocina, se efectúa su limpieza en la zona de lavado?

a) Sistema tradicional.
b) Sistema periférico.

c) Sistema virtual.
d) Sistema centralizado.

78. ¿Cuál es la primera fase del lavado en un lavavajillas?

a) Aclarado preliminar.
b) Lavado.
c) Centrifugado.
d) Prelavado.

79. ¿Qué producto empleado en el lavavajilla descalcifica el agua?

a) Detergente.
b) Sal.
c) Abrillantador.
d) Emulsionante.

80. Las bandejas deben lavarse:

a) A diario.
b) Al menos cada tres días.
c) Cada 5 días.
d) Cada semana.

81. Aquellas cosas, sustancias, desechos u objetos que ya no tienen la utilidad inicial se denominan:

a) Desperdicio.
b) Basura.
c) Residuo.
d) Contaminante.

82. ¿Cuál es el principal problema que generan los residuos inorgánicos?

a) Riesgos de infección.
b) Malos olores.
c) El volumen que ocupan.
d) Riesgos de contaminación.

83. La mayoría de residuos que se originan en la unidad de cocina son:

a) Cartón y papel de embalar.
b) Plásticos.
c) Restos de comida (orgánicos).
d) Vidrios.

84. ¿Qué residuos que se originan en la unidad de cocina son un medio ideal para la multiplicación de los microorganismos y atraen frecuentemente insectos, roedores y otros animales que ayudan a la propagación de algunas enfermedades?

a) Cartón y papel de embalar.
b) Plásticos.
c) Restos de comida (orgánicos).
d) Vidrios.

85. ¿Qué función tiene la sal en el lavavajilla?

a) Elimina grasa y restos de comida.
b) Descalcifica el agua.
c) Impide la formación de gotas, y da brillo.
d) Todas son correctas.

86. ¿Qué competencia específica no es del cocinera/o?

a) Preparar y presentar productos de pastelería y repostería.
b) Conocer las técnicas para el aprovisionamiento, manipulación y conservación de alimentos.
c) Elaborar guarniciones y acompañamientos.
d) Confeccionar ofertas gastronómicas que le sean solicitadas por el jefe de cocina.

87. La mesa caliente y la mesa fría será un medio utilizado generalmente por:

a) Auxiliar de cocina.
b) Gobernanta o coordinador/a de cocina.
c) Cocinero/a.
d) Jefe de cocina.

88. El Cocinero tendría como supervisor directo al/a la:

a) Jefe de cocina o pinche superior.
b) Pinche superior o cocinero elegido.
c) Jefe de cocina o coordinador de hostelería.
d) Gobernanta o pinche superior.

89. ¿Con quién confecciona el cocinero los menús?

a) Con el bromatólogo.
b) Con el dietista.
c) Con sus compañeros cocineros.
d) Con la gobernanta.

90. ¿Qué ventaja tiene la centralización de los servicios de restauración colectiva?

a) Permite la concentración de los recursos para optimizar los resultados.
b) Permite utilizar la producción en línea fría, aunque no en línea caliente.
c) Requiere menos inversión inicial.
d) Todas las respuestas son correctas.

91. ¿Qué profesional de los siguientes no es manipulador de alimentos?

a) Jefe de cocina.
b) Cocinero/a.
c) Ayudante/a cocina.
d) Todos han de ser manipuladores de alimentos.

92. ¿Quién de los siguientes trabajadores de la cocina se encarga de confeccionar los menús gastronómicos?

a) Jefe de cocina.
b) Cocinero/a.
c) Ayudante/a cocina.
d) Personal de servicios.

93. Es una función propia del puesto de trabajo del Jefe de cocina:

a) Organizar, dirigir y coordinar el trabajo del personal a su cargo colaborando con la Dirección, a petición de esta, en la elaboración de turnos de trabajo.
b) Supervisar el mantenimiento en perfectas condiciones de limpieza y funcionamiento de la maquinaria.
c) Colaborar en la instrucción del personal del servicio de cocina.
d) Todas son funciones del Jefe de cocina.

94. Es una función propia del puesto de trabajo del ayudante de cocina:

a) La limpieza y mantenimiento de las dependencias.
b) La elaboración de turnos de trabajo.
c) Colaborar en la elaboración de los menús.
d) Preparar y presentar preparaciones culinarias elementales de pastelería.

95. No es una función propia del puesto de trabajo del cocinero/a:

a) Preparar y presentar preparaciones culinarias elementales y productos de pastelería y repostería.
b) Preparar y almacenar en crudo diversos alimentos.
c) Confeccionar los menús gastronómicos.
d) Limpieza de techos, paredes y suelo.

Solución al test n.º 3

1. d) De la capacidad de las instalaciones, del tipo de actividad que se desarrolle, y de las características y número de comensales.

2. c) Externalización.

3. d) Servicio de Catering.

4. b) Plonge.

5. c) 4.

6. b) Despensero.

7. b) Partida de despensero.

8. b) Partida de cuarto frío.

9. d) Son ciertas las respuestas a) y c).

10. b) Distribución de lo elaborado.

11. d) Todo lo anterior se consigue.

12. c) Sistema de cocina centralizada.

13. b) Mayor desperdicio de alimentos, aunque más económico, ya que no se ajustan bien las raciones necesarias.

14. a) En la cocina.

15. b) Los alimentos nunca salen de la cocina centralizada emplatados, esto es un proceder posterior.

16. c) Debe existir un difícil acceso desde la zona de recepción de materia prima hasta la cocina, para evitar contaminaciones innecesarias.

17. d) Los flujos de aire irán desde las "zonas sucias" a las "zonas limpias".

18. c) La elaboración de platos fríos.

19. d) Todo lo anterior es cierto.

20. a) Que las tareas deben realizarse siempre en un orden, en un sentido de avance según áreas y siguiendo los caminos más cortos.

21. d) Con los indicados en las respuestas a) y b).

22. a) Se evitarán las contaminaciones cruzadas.

23. b) Distribución de platos calientes y almacenamiento de vajilla limpia.

24. d) Emplatado.

25. c) Los circuitos limpio y sucio nunca deben de cruzarse en cocina.

26. b) Partida de salsero.

27. d) Tres: cocineros, pinches y jefe de partida.

28. d) Elaboración de asados.

29. c) La ubicación y distribución de maquinaria, herramientas y utensilios de cocina.

30. c) Las características de la instalación.

31. d) Se atenderá atendiendo a todos los anteriores principios.

32. c) Zona de distribución.

33. a) Estará ubicada en la planta baja, cercana a las cámaras y almacenes, y comunicada con la zona de preparación.

34. c) Temperatura y humedad.

35. b) Preparación.

36. c) Cocción.

37. d) En la zona de distribución.

38. c) Las placas.

39. a) Lineal.

40. c) En L.

41. d) En U.

42. c) Partidas.

43. a) Jefe de partida.

44. d) 4.

45. b) Partida de charcutero.

46. d) Son ciertas las respuestas b) y c).

47. d) Zona de recepción de mercancías, zona de almacenes y cámaras frigoríficas, zona de preparación, zona de elaboración, zona de distribución, zona de lavado de vajillas y carros, zona de basuras y zona de aseos y vestuarios.

48. d) Impermeable, atóxica y resistente a la corrosión.

49. d) Con los indicados en las respuestas a) y b).

50. b) 2.

51. c) 200.

52. b) Las superficies serán permeables a las condensaciones y a la humedad, y de fácil limpieza.

53. b) Cámara de carnes.

54. d) Tantas como conjunto de cocederos.

55. d) 30 mA.

56. c) 500 lux.

57. d) PVC.

58. c) Sección de recepción de materia prima.

59. c) De temperatura.

60. c) Cámara de refrigeración.

61. b) Conservas.

62. b) Escurrido.

63. c) Trocear pescado congelado.

64. b) Sección de elaboración.

65. b) Se conservarán en cámaras de refrigeración hasta ser servidos.

66. a) Producción y elaboración.

67. c) De acabado.

68. c) Cinta de emplatado.

69. c) Dietistas.

70. d) En bandejas individuales, cerradas y diferenciando primer plato, segundo, pan... sin riesgo a que estos se desplacen.

71. c) El transporte de la comida desde la cocina hasta las unidades de consumo y el transporte posterior con la vajilla sucia, de vuelta a la cocina desde las unidades de consumo.

72. b) Integrada en la unidad de cocina.

73. a) Baterías.

74. b) Plonge.

75. c) 3.

76. c) De acero inoxidable.

77. d) Sistema centralizado.

78. d) Prelavado.

79. b) Sal.

80. a) A diario.

81. c) Residuo.

82. c) El volumen que ocupan.

83. c) Restos de comida (orgánicos).

84. c) Restos de comida (orgánicos).

85. b) Descalcifica el agua.

86. c) Elaborar guarniciones y acompañamientos.

87. c) Cocinero/a.

88. c) Jefe de cocina o coordinador de hostelería.

89. b) Con el dietista.

90. a) Permite la concentración de los recursos para optimizar los resultados.

91. d) Todos han de ser manipuladores de alimentos.

92. b) Cocinero/a.

93. d) Todas son funciones del Jefe de cocina.

94. a) La limpieza y mantenimiento de las dependencias.

95. d) Limpieza de techos, paredes y suelo.

TEST N.º 4

Maquinaria de cocina. Generadores de calor y de frío. Pequeña maquinaria. Batería de cocina, moldes y herramientas

1. ¿Qué útil de cocina entraña un cierto riesgo de quemaduras?

a) Utensilios con asas no metálicas.
b) Sistema de apagado ante la apertura de puertas, como en el horno, el microondas, etc.
c) Utensilios con mangos metálicos.
d) Placas de inducción que solo transmiten calor cuando entran en contacto con el recipiente.

2. Los primeros cuchillos de cocina eran de:

a) Piedra basáltica.
b) Sílex.
c) Bronce.
d) Hierro.

3. ¿Qué fogón no existe de estos en una cocina?

a) Fogones de electricidad.
b) Fogones de gas propano.
c) Fogones de rejillas.
d) Fogones de gas ciudad.

4. ¿Qué maquinarias de esta no es un generador de calor?

a) Fogones.
b) Asadores y hornos.
c) Salamandras.
d) Son todas generadoras de calor.

5. ¿Qué contaminación produce la combustión del carbón mineral en fogones?

a) Contaminación atmosférica de tipo químico por emisiones de gases sulfurosos.
b) Contaminación telúrica de tipo químico por depósitos de sólidos de óxidos nitrosos.

c) Contaminación acuática de tipo químico por vertidos de mercuriales.

d) Contaminación atmosférica de tipo químico por emisiones de gases tipo monóxido de carbono.

6. ¿Qué tipo de fogones requieren de mayor limpieza una vez utilizados?

a) Fogones eléctricos.
b) Fogones de carbón mineral.
c) Fogones de gas ciudad.
d) Fogones de gas propano.

7. ¿Qué tipo de fogones se emplean hoy con menos frecuencia en las cocinas?

a) Fogones eléctricos.
b) Fogones de carbón mineral.
c) Fogones de gas ciudad.
d) Fogones de gas propano.

8. ¿Qué función hacen generalmente en la cocina los fogones?

a) Cocción de alimentos.
b) Gratinado de alimentos.
c) Frito de alimentos.
d) Asar alimentos.

9. ¿De qué material suele fabricarse el mueble y la cuba de los actuales fogones?

a) De aluminio.
b) De acero inoxidable.
c) De acero negro.
d) Son ciertas las respuestas b) y c).

10. ¿Qué sustancia de esta es carbón vegetal?

a) Antracita.
b) Lignito.
c) Hulla.
d) Ninguna de las anteriores es correcta.

11. ¿Qué accesorio de los fogones está destinado a la evacuación de humos y gases producidos en la cocción?

a) Rejillas.
b) Mástiles.
c) Cortadores de patatas.
d) Extractores.

12. ¿Cada cuánto tiempo deben limpiarse los filtros de las campanas extractoras de humos si no elaboran las cocinas excesivas friturillas?

a) Cada día.
b) Cada tres días.
c) Cada semana.
d) Cada mes.

13. ¿Qué accesorio de fogón se ve en la siguiente imagen?

a) Mástil.
b) Extractor.
c) Marmita.
d) Campana extractora.

14. ¿Qué medidas de precaución deben tomarse antes de proceder a la limpieza de fogones de gas?

a) Comprobar que están cerradas las llaves de cada fuego.
b) Cortaremos el circuito general del módulo.
c) Cerrar la llave general del gas o desconectar los automáticos eléctricos.
d) Se efectuará todo lo anterior.

15. ¿Qué elemento de la cocina específica de gas se dejará para limpiar al final?

a) Rejilla-soporte de recipientes.
b) Placa recogedora de grasa.
c) Quemador.
d) Bandeja recoge grasa.

16. ¿Qué elementos nunca se deben desmontar para la limpieza en la cocina específica de gas?

a) Regulador de gas-aire.
b) Rejilla-soporte de recipientes.
c) Placa recogedora de grasa.
d) Bandeja recoge grasa.

17. ¿Qué productos o elementos se debe procurar no utilizar en la limpieza de planchas eléctricas?

a) Piedra pómez.
b) Cepillo de alambre.
c) Sustancias corrosivas.
d) Espátula para el rascado.

18. ¿Qué máquina de la cocina es la de la imagen?

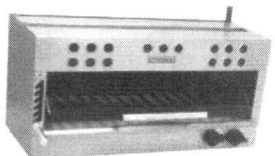

a) Gratinadora.
b) Prusiana.
c) Salamandra.
d) Son ciertas las respuestas a) y c).

19. ¿Qué material de estos, empleados en aparatos generadores de calor, no es válido para la conservación, y sí para la cocción?

a) Aluminio.
b) Acero negro.
c) Acero inoxidable.
d) Cobre.

20. ¿De qué material suele hacerse generalmente las sartenes?

a) De cobre.
b) De aluminio.
c) De acero negro.
d) De plástico.

21. ¿Qué materiales plásticos en la conservación de alimentos son los más utilizados en cocina?

a) PVC.
b) Policarbonatos.
c) Polietilenos.
d) Poliamidas.

22. ¿Qué método de freidora continua es el más suave para el aceite de la misma?

a) De calentamiento directo por quemador.
b) De calentamiento indirecto por resistencia.
c) De calentamiento por medio de un fluido térmico en contacto directo con el aceite.
d) De calentamiento por medio de un fluido térmico en contacto indirecto con el aceite.

23. ¿Qué hornos de estos poseen un programa auto limpieza (por vapor), aunque se requiere de cierta destreza para su manejo?

a) Hornos microondas.
b) Hornos de convección.
c) Hornos eléctricos.
d) Marmitas.

24. ¿Qué horno no dora los alimentos?

a) Hornos microondas.
b) Hornos de convección.
c) Hornos eléctricos.
d) Todos doran.

25. ¿Cómo se denominan también las sartenes abatibles?

a) Freidoras volquete.
b) Paelleras basculantes.
c) Sartenes volquete.
d) Todo lo anterior es cierto.

26. ¿A qué temperatura (en ºC) se suelen emplear las mesas calientes en cocina?

a) 20 a 30.
b) 30 a 60.
c) 50 a 70.
d) 100 a 120.

27. ¿Qué elemento de una cámara frigorífica es aquella sin frío propio, ideal para la conservación de frutas, verduras, conservas?

a) Antecámara.
b) Serpentín.
c) Cámara de congelación.
d) Cámara de refrigeración.

28. ¿A qué parte de un generador de frío pertenecen los revestimientos y los aislantes?

a) Serpentín.
b) Compresor.
c) Elementos auxiliares.
d) Elementos decorativos.

29. ¿Para qué usaremos una chaira o eslabón?

a) Para cortar carnes o pescados.
b) Reafilar o "suavizar "el cuchillo.
c) Trocear huesos duros.
d) Cortar fiambres.

30. Todo lo que se expone sobre la limpieza y conservación de los generadores de frío es cierto, excepto que:

a) Se debe asegurar la rotación del producto.
b) Su limpieza requiere la utilización de productos que no transmitan olor ni sabor.
c) No se ha de desbloquear el serpentín, ya que al hacerlo podemos provocar una avería sobre el generador.
d) Debe existir un apropiado control de temperatura.

31. ¿Qué zona de las cámaras frigoríficas poseerán más superficie porcentual?

a) Espacio de verduras varias.
b) Cámara de pescados.
c) Congelado de carnes.
d) Antecámara.

32. ¿Qué utensilios se emplean para mezclar e incluso triturar alimentos congelados, convirtiéndolos en crema o puré?

a) Batidoras.
b) Sorbeteras.
c) Moledoras.
d) Picadoras.

33. ¿Qué pequeña maquinaria de cocina es la de la imagen?

a) Batidora.
b) Ralladora.
c) Cortadora.
d) Trinchadora.

34. ¿Cuál de estas no se considera pequeña maquinaria?

a) Batidora.
b) Ralladora.
c) Cortadora.
d) Mesa caliente.

35. ¿Qué máquina es un *fouet*?

a) Batidora.
b) Ralladora.
c) Cortadora.
d) Picadora.

36. Identifica esta pequeña maquinaria de cocina:

a) Picadora.
b) Amasadora.
c) Cortadora de pan.
d) Baño maría.

37. ¿Qué hace que la molienda disminuya el diámetro del grano en una moledora refinadora de grano?

a) El tipo de máquina.
b) Las revoluciones de trabajo.
c) La distancia graduable entre los rodillos.
d) Nada de lo anterior es cierto.

38. Las salamandras pueden ser de:

a) Eléctricas y de gas.
b) De gasoil.
c) De carbón mineral.
d) De vapor de agua.

39. La máquina peladora es esencialmente de:

a) Patata.
b) Tubérculos.
c) Zanahoria.
d) Es indiferente.

40. La máquina ralladora lo es esencialmente de:

a) Pan y hortalizas.
b) Queso y verduras.
c) Zanahoria y remolacha colorada.
d) Pan y queso.

41. ¿Qué máquina es la de la imagen?

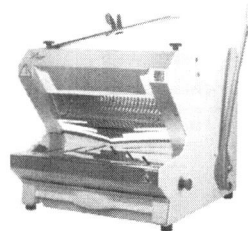

a) Picadora.
b) Amasadora.
c) Cortadora de pan.
d) Baño maría.

42. ¿Cómo se denominan aquellas máquinas que tienen un dispositivo de acople de complementos que pueden servir para una o varias aplicaciones?

a) Multiusos.
b) Pluriutilidad.
c) Universales.
d) Mega.

43. Las balanzas normales de cocina pueden llegar a medir pesos de hasta:

a) 5 kg.
b) 8 kg.
c) 12 kg.
d) 25 kg.

44. ¿Qué herramienta de cocina es la de la imagen?

a) Cacillo escurridor.
b) Escurridor.
c) Cesta de alambre.
d) Rejilla.

45. ¿Qué cuchillo se usa para tornear verduras?

a) Cebollero.
b) Tranchelar.
c) Medio golpe.
d) Puntilla.

46. ¿Para qué se utiliza la rejilla?

a) Abrillantar croquetas o pasteles.
b) Cocer huevos.
c) Introducir alimentos a freír en una fritura.
d) Poder escurrir alimentos al sacarlos en una fritura.

47. El cestillo de patatas "nidos" es de:

a) Alambre estañado.
b) Aluminio.
c) Plástico.
d) Acero inoxidable.

48. El tenedor de asados es un largo tenedor:

a) Bidente.
b) Tridente.
c) Cuatridente.
d) Puede ser la respuesta a) o la b).

49. ¿Qué tipo de colador es el de la imagen?

a) Colador de muelle.
b) Colador de gusano.
c) Colador de media bola.
d) Colador de verdura.

50. Si tienes que filetear una pechuga de pollo cruda, la tabla donde lo realizarías será de color:

a) Verde
b) Roja
c) Blanca
d) Amarilla.

51. ¿De qué material está hecho el "colador chino"?

a) De cobre.
b) De aluminio.
c) De plástico.
d) De acero inoxidable.

52. Sinónimo de mortero es:

a) Colador.
b) Tamiz.
c) Almirez.
d) Rodillo.

53. ¿Qué es un rondón?

a) Es un recipiente que se usa para mantener calientes elaboraciones como salsas o consomés.
b) Es un recipiente que se usa para hacer braseados o asados al horno.
c) Es un recipiente alto usado para salsas.
d) Es una cacerola redonda y ancha de poca altura adecuada para evitar amontonamiento de los alimentos.

54. La herramienta de cocina de la imagen es un:

a) Colador de madera.
b) Tamiz.
c) Mortero.
d) Rodillo.

55. ¿Qué característica de la anatomía de un cuchillo es aquella que nos indica que el peso del mismo se distribuirá apropiadamente entre la hoja y el mango?

a) Estabilidad.
b) Equilibrio.
c) Afilado.
d) Resistencia.

56. ¿Cómo se denomina el cuchillo pequeño, entre 6 y 10 cm de hoja, aproximadamente, utilizado para limpiar y tornear verduras?

a) Cebollero.
b) De golpe.
c) Puntilla.
d) De medio golpe.

57. Podemos definir "el cuchillo de punta redonda y el filo de sierra, que mide entre 20 y 30 centímetros y se utiliza generalmente para cortar pan, bizcochos, etc.", como:

a) Puntilla.
b) Cuchillo tranchelar.
c) Cuchillo de sierra.
d) Chaira.

58. Si el cocinero te pide que cortes patatas noissete, ¿qué utensilio necesitas?

a) Mechador.
b) Cuchillo cebollero.
c) Acanalador.
d) Cucharilla sacabocados.

59. ¿Qué es este elemento de cuchillería o análogo?

a) Eslabón.
b) Aguja mechadora.
c) Trinchante.
d) Sierra.

60. ¿De qué material es la hoja del instrumento denominado "pelador" que se emplea para pelar patatas, hortalizas y frutas?

a) De acero estañado.
b) De acero negro.
c) De acero inoxidable.
d) De hierro fundido.

61. ¿Qué herramienta se emplea para coser y cerrar diferentes partes de un ave, con objeto de que mantengan la forma durante la cocción o de darles una forma atractiva?

a) Espátula de acero.
b) Aguja de cocina.
c) Aguja mechadora.
d) Aguja de bridar.

62. Esta herramienta es:

a) Espalmadera.
b) Espátula.
c) Pelador.
d) Cebollero.

63. ¿Cuál es la función que tiene el abatidor de temperatura?

a) Descongelar.
b) Cocer alimentos al vapor.
c) Conservar el alimento.
d) Reducir la temperatura interna de los alimentos.

64. ¿Cómo se denomina las instalaciones mobiliarias que completan el montaje de una cocina?

a) Mobiliario.
b) Material neutro.
c) Maquinaria de alta productividad.
d) Ninguno de los anteriores es correcto.

65. ¿Cuál de estos considerarías un material neutro de cocina?

a) Ralladora.
b) Carros.
c) Sierra para congelados.
d) Triturador de desechos.

66. Los armarios de cocina están construidos generalmente de:

a) Acero inoxidable.
b) Aluminio estañado.
c) Madera.
d) PVC.

67. ¿Cuál no es una ventaja para el trabajar el emplear las nuevas tecnologías, especialmente las maquinarias de alta productividad, aplicadas en la cocina?

a) Automatización del proceso.
b) Elevada inversión económica inicial.
c) Reducción de espacio.
d) Fácil limpieza.

68. Todo lo que se expone del cocedero a vapor es cierto, excepto que:

a) Esencialmente consta de un compartimento interno estanco con una cubeta de rejilla para depositar las bolsas de plástico.
b) Es un aparato de cocción rápida para distintos tipos de alimento.
c) Durante la cocción el agua permanece inmóvil, para incrementar la eficiencia del aparato y que esta sea más homogénea.
d) Contará con un termostato para control de temperatura.

69. El funcionamiento del horno mixto de convección-vapor se fundamenta en emplear:

a) Aire caliente con o sin vapor a baja presión.
b) Aire caliente con vapor a baja presión.
c) Aire caliente con vapor a alta presión.
d) Aire caliente sin vapor a baja presión.

70. ¿Cómo se denomina el formato estandarizado europeo de unas cubetas o recipientes que actualmente están reconocidas en las cocinas profesionales de todo el mundo?

a) Euroaliment.
b) Gastronorm.
c) Noralimen.
d) Nada de lo anterior es cierto.

71. ¿Qué sistema de estos se emplea para la cocción rápida de alta productividad y rendimiento, así como para la esterilización de alimentos, usando vapor de agua a alta presión?

a) Planchas rápidas.
b) Autoclaves de cocción.
c) Freidoras continuas.
d) Aparatos mixtos basculantes-marmitas.

72. Las planchas rápidas son aparatos de alta productividad, que pueden llegar a alcanzar una temperatura de:

a) 300 ºC.
b) 650 ºC.
c) 1000 ºC.
d) 5000 ºC.

73. Si queremos gratinar un alimento, qué aparato utilizaremos:

a) Una sartén basculante.
b) Un tostador.
c) Una plancha.
d) Una salamandra.

74. Señala cuál de todas las respuestas no se corresponde con una freidora discontinua:

a) Doméstica.
b) Con cámara de agua.
c) De calentamiento indirecto por resistencia.
d) Todas son incorrectas.

75. ¿Qué características tienen las freidoras continuas?

a) Gran capacidad.
b) Su sistema de calentamiento del aceite puede ser directo o indirecto.
c) A través de un termostato se controla la temperatura.
d) Todas son correctas.

76. ¿Qué es una salamandra?

a) Un horno.
b) Una placa.
c) Una gratinadora.
d) Una tostadora.

77. ¿Qué precaución se ha de tomar en el momento de limpiar una freidora?

a) Que esté desconectada.
b) Que el aceite no esté todavía caliente.
c) Vaciar la cubeta.
d) Todas las respuestas son ciertas.

78. ¿Qué partes puede tener una cámara frigorífica?

a) Antecámara.
b) Cámara de refrigeración.
c) Cámara de congelación.
d) Todas las respuestas son correctas.

79. ¿Qué función tiene el abatidor de temperatura?

a) Aumentar la temperatura.
b) Conservar el alimento.
c) Bajar la temperatura del alimento.
d) Cocer alimentos a presión.

80. Todo utensilio móvil usado para la preparación, cocción y conservación de los alimentos entra dentro del concepto de:

a) Molde de cocina.
b) Herramienta de cocina.
c) Útil de cocina.
d) Batería de cocina.

81. En la clasificación de batería de cocina en grupos, las espumaderas se incluirían en:

a) Utensilios de preparación y conservación.
b) Pequeñas herramientas o accesorios.
c) Utensilios de cocción.
d) Utensilios de hervido.

82. Un utensilio de cocción en el ámbito de las baterías de cocina es:

a) Una marmita.
b) Un chino.
c) Una placa.
d) Una cubeta.

83. Todo lo que se expone de las baterías de cocina es cierto, excepto:

a) Cada utensilio tiene una misión específica.
b) La utilización de la batería de cocina debe ser la adecuada para evitar cualquier deterioro.
c) Podemos utilizar el hierro negro para la elaboración de salsas blancas.
d) No es adecuado ni se debe usar una marmita para una fritura.

84. ¿Qué material o utensilio batería de cocina es de preparación y conservación?

a) Marmitas.
b) Cubetas.
c) Rondones.
d) Sartenes.

85. La batería de cobre clásica, generalmente suele tener una cierta aleación con:

a) Hierro (cobre férrico).
b) Estaño (cobre estañado).
c) Plomo (cobre plúmbico).
d) Oro (cobre aurífero).

86. Generalmente las actuales baterías de cobre están revestidas en su interior de:

a) Aluminio.
b) Estaño.
c) Acero inoxidable.
d) Nada de lo anterior es correcto.

87. La batería de cobre se debe de limpiar externamente con:

a) Una mezcla de pimentón, sal y limón.
b) Un producto especial a tal fin.
c) Vinagre.
d) Todo lo anterior es válido.

88. ¿Qué es incorrecto de una batería de cobre?

a) Es un utensilio de conservación.
b) Resulta un material pesado y caro.
c) Periódicamente hay que vigilar el estañado.
d) Una vez limpia, debe aclarase y realizar un perfecto secado.

89. ¿De qué materiales es más frecuente en la actualidad la construcción de baterías de cocina?

a) Acero estañado.
b) Acero negro.
c) Acero inoxidable.
d) Aluminio.

90. La batería de acero inoxidable realmente es de una aleación de acero con:

a) Cromo, o cromo- níquel.
b) Aluminio.

c) Estaño.
d) Cobre-grafito.

91. Para una mejor difusión del calor en las baterías de acero inoxidable se le acopla en su base un fondo difusor compuesto de láminas de:

a) Cobre y aluminio.
b) Cromo y aluminio.
c) Hierro y cromo.
d) Plomo y cobre.

92. ¿Cuál es el material más empleado para la conservación y fabricación de los pequeños accesorios?

a) Acero estañado.
b) Acero negro.
c) Acero inoxidable.
d) Aluminio.

93. ¿Cuál consideras un defecto del aluminio como medio de fabricación de una batería de cocina?

a) Inoxidable.
b) Blando.
c) Poco pesado.
d) Buen conductor térmico.

94. ¿Qué dato es incorrecto del aluminio de uso en baterías?

a) Debido a su poca resistencia no debe ser usado para batir nada en él.
b) Se puede encontrar en aleaciones con otros metales.
c) Es blando y por ello el utensilio es fácil de deformar.
d) Es un material no alterable, por lo que se utiliza tanto para la conservación como para la cocción de ciertos alimentos.

95. ¿De qué materia oxidable están fabricadas las baterías de cocina tipo sartenes, moldes y latas?

a) Acero estañado.
b) Acero negro.
c) Acero inoxidable.
d) Aluminio.

96. De hierro fundido corrientemente esmaltado se fabrican generalmente:

a) Cestillos de alambre.
b) Arañas.

c) Sartenes.
d) Todos los anteriores son correctos.

97. Los recipientes de plásticos de uso alimentario, empleados en conservación, están frecuentemente fabricados de:

a) Poliamidas.
b) Polietileno.
c) Policarbonato.
d) Poliuretanos.

98. Este recipiente es:

a) Una marmita.
b) Un perol.
c) Una cacerola.
d) Una cazuela.

99. Las marmitas se emplean sobre todo para hacer:

a) Fritos de pescado.
b) Caldos, fondos y fumet.
c) Salsas, purés, cremas, etc.
d) Pescado braseado.

100. ¿Qué no es cierto de la elaboración de alimentos con cazuelas de barro?

a) Sirve para elaborar distintos platos, generalmente en salsa.
b) Requieren de un cocinado rápido.
c) Un plato habitual en cazuela de barro es el pescado en salsa.
d) Nada de lo anterior es cierto.

101. El cazo alto con mango tiene capacidades de:

a) 0,5 a 1 litro.
b) 1 a 2 litros.
c) 2 a 6 litros.
d) Mas de 6 litros.

102. ¿Qué medio se emplea para calentar por convección térmica mediante baño maría?

a) Agua.
b) Aire.

c) Vino blanco.
d) Coñac.

103. ¿Cuál es el empleo más habitual de la rustidera en la cocina?

a) Como bandeja para asados.
b) Como bandeja de cocción.
c) Como bandeja de fritos.
d) Como bandeja escurridora.

104. La bresera se emplea para cocinar:

a) Besugo.
b) Grandes piezas de carne.
c) Rodaballo.
d) Bizcochos.

105. Para mantener las elaboraciones a temperatura de servicio, sin que intervenga la radiación, usaremos:

a) El calientaplatos.
b) El microondas.
c) El baño maría.
d) La mesa caliente.

106. ¿Cómo se denomina el útil de la imagen?

a) Sauteuse.
b) Marmita.
c) Rondón.
d) Turbotera.

107. ¿Cómo se llama la sartén que se emplea para saltear pequeñas cantidades de alimentos (o hacer salsas emulsionadas), aunque tenga otras aplicaciones como hervido de líquidos, hacer cremas y otras recetas, generalmente de cobre estañado?

a) Rondón.
b) Sauté ruso.
c) Cazo baño María.
d) Breseadora.

108. El perol de asas se denomina también:

a) Rondón.
b) Sauté.

c) Sartén.
d) Turbotera.

109. La sartén abatible o basculante se emplea generalmente como:

a) Olla expreso.
b) Freidora.
c) Sartén simple.
d) Lubinera.

110. ¿Qué tipo de pescado suele cocinarse en una turbotera con rejilla?

a) Salmón.
b) Rodaballo.
c) Merluza.
d) Sardinas.

111. ¿Qué tipo de utensilio de cocina es la de la imagen?

a) Cazuela de barro.
b) Paellera.
c) Sartén de carne.
d) Barreño de freír.

112. ¿Qué diámetro aproximado posee la paellera de 10 raciones (en cm), que tiene 5 cm de alto?

a) 25.
b) 32.
c) 55.
d) 72.

113. ¿Qué útil se emplea para batir bizcochos, merengues, almíbares, etc., y es de cobre sin estañar, acero inoxidable y a veces de porcelana?

a) Sartén.
b) Olla.
c) Marmita.
d) Perol.

114. Los peroles se emplean esencialmente en pastelería y repostería para:

a) El batido de huevos y salsas.
b) El batido de natas y cremas.
c) Calentar bizcochos.
d) Enfriar flanes.

115. ¿Qué utensilio empleado habitualmente en repostería y pastelería es el de la imagen?

a) Lustrera.
b) Barreño.
c) Perol.
d) Molde de brioche.

116. ¿Qué tipo de herramienta de repostería es el de la imagen?

a) Mangas.
b) Espátula clásica.
c) Corta pasta.
d) Lengua.

117. ¿Qué molde es el de la imagen?

a) Molde de magdalenas.
b) Molde de bizcochos.
c) Molde de barquitas.
d) Molde de pudding.

118. ¿Qué adjetivo merecería el material de una batería de cocina como el chino, cazos, escurridores...?

a) Material móvil.
b) Material fijo.
c) Material de conservación y preparación.
d) Pequeño material y accesorios.

119. ¿Qué utensilio de cocina es este de la imagen?

a) Pasapurés.
b) Colador de té.
c) Colador chino.
d) Cacillo escurridor.

120. La sautese es utilizada para:

a) Saltear, rehogar y estofar géneros.
b) Confeccionar salsas y cremas.
c) Asar grandes piezas de carne.
d) Presentar pescados.

121. ¿Qué es falso sobre las nuevas tecnologías en cocina?

a) Permiten la realización del trabajo con mayor antelación.
b) La conservación de los alimentos no implica cambios en sus características organolépticas.
c) Hay mayor pérdida de propiedades nutritivas del alimento.
d) Es una buena solución para atender la gran actividad de cocina en un centro.

122. ¿Qué se consigue con la centralización de la producción?

a) Minimizar costes.
b) Aumentar la eficacia.
c) Elaborar menús de varios centros en uno solo.
d) Todas las respuestas son correctas.

123. ¿Cuál de estos procesos se puede informatizar?

a) Tipo y número de dietas a servir en cada departamento.
b) Cualidades organolépticas.
c) Evolución futura de la dieta de un paciente.
d) Ninguno de los anteriores datos se puede informatizar.

124. ¿Qué es falso sobre el sistema de línea caliente?

a) El alimento pasa por fases de conservación tras su elaboración.
b) El tiempo de espera hasta el servicio debe ser mínimo.
c) Tras la cocción ha de mantenerse en caliente.
d) Las respuestas b) y c) son ciertas.

125. ¿Qué tienen los sistemas de línea caliente y fría en común?

a) Requieren puesta en temperatura del plato antes de su consumo.
b) El alimento se mantiene en conservación por frío.
c) No se dejan los alimentos en temperatura de riesgo.
d) Ambos son sistemas de producción de alimentos sin conservación.

Solución al test n.º 4

1. c) Utensilios con mangos metálicos.

2. b) Sílex.

3. c) Fogones de rejillas.

4. d) Son todas generadoras de calor.

5. a) Contaminación atmosférica de tipo químico por emisiones de gases sulfurosos.

6. b) Fogones de carbón mineral.

7. b) Fogones de carbón mineral.

8. a) Cocción de alimentos.

9. b) De acero inoxidable.

10. d) Ninguna de las anteriores es correcta.

11. d) Extractores.

12. c) Cada semana.

13. d) Campana extractora.

14. d) Se efectuará todo lo anterior.

15. d) Bandeja recogegrasa.

16. a) Regulador de gas-aire.

17. c) Sustancias corrosivas.

18. d) Son ciertas las respuestas a) y c).

19. d) Cobre.

20. c) De acero negro.

21. b) Policarbonatos.

22. d) Calentamiento por medio de un fluido térmico en contacto indirecto con el aceite.

23. b) Hornos de convección.

24. a) Hornos microondas.

25. d) Todo lo anterior es cierto.

26. c) 50 a 70.

27. a) Antecámara.

28. c) Elementos auxiliares.

29. b) Reafilar o "suavizar "el cuchillo.

30. c) No se ha de desbloquear el serpentín, ya que al hacerlo podemos provocar una avería sobre el generador.

31. a) Espacio de verduras varias.

32. b) Sorbeteras.

33. a) Batidora.

34. d) Mesa caliente.

35. a) Batidora.

36. b) Amasadora.

37. c) La distancia graduable entre los rodillos.

38. a) Eléctricas y de gas.

39. a) Patata.

40. d) Pan y queso.

41. c) Cortadora de pan.

42. c) Universales.

43. c) 12 kg.

44. b) Escurridor.

45. d) Puntilla.

46. a) Abrillantar croquetas o pasteles.

47. a) Alambre estañado.

48. d) Puede ser la respuesta a) o la b).

49. a) Colador de muelle.

50. d) Amarilla.

51. d) Colador de acero inoxidable.

52. c) Almirez.

53. d) Es una cacerola redonda y ancha de poca altura adecuada para evitar amontonamiento de los alimentos.

54. b) Tamiz.

55. b) Equilibrio.

56. c) Puntilla.

57. c) Cuchillo de sierra.

58. d) Cucharilla sacabocados.

59. b) Aguja mechadora.

60. c) De acero inoxidable.

61. d) Aguja de bridar.

62. a) Espalmadera.

63. d) Reducir la temperatura interna de los alimentos.

64. b) Material neutro.

65. b) Carros.

66. a) Acero inoxidable.

67. b) Elevada inversión económica inicial.

68. c) Durante la cocción el agua permanece inmóvil, para incrementar la eficiencia del aparato y que esta sea más homogénea.

69. a) Aire caliente con o sin vapor a baja presión.

70. b) Gastronorm.

71. b) Autoclaves de cocción.

72. c) 1000 ºC.

73. d) Una salamandra.

74. c) De calentamiento indirecto por resistencia.

75. d) Todas son correctas.

76. c) Una gratinadora.

77. d) Todas las respuestas son ciertas.

78. d) Todas las respuestas son correctas.

79. c) Bajar la temperatura del alimento.

80. d) Batería de cocina.

81. b) Pequeñas herramientas o accesorios.

82. a) Una marmita.

83. c) Podemos utilizar el hierro negro para la elaboración de salsas blancas.

84. b) Cubetas.

85. b) Estaño (cobre estañado).

86. c) Acero inoxidable.

87. d) Todo lo anterior es válido.

88. a) Es un utensilio de conservación.

89. c) Acero inoxidable.

90. a) Cromo, o cromo-níquel.

91. a) Cobre y aluminio.

92. c) Acero inoxidable.

93. b) Blando.

94. d) Es un material no alterable, por lo que se utiliza tanto para la conservación como para la cocción de ciertos alimentos.

95. b) Acero negro.

96. c) Sartenes.

97. c) Policarbonato.

98. a) Una marmita.

99. b) Caldos, fondos y fumet.

100. b) Requieren de un cocinado rápido.

101. c) 2 a 6 litros.

102. a) Agua.

103. a) Como bandeja para asados.

104. b) Grandes piezas de carne.

105. c) El baño maría.

106. a) Sauteuse.

107. b) Sauté ruso.

108. c) Sartén.

109. b) Freidora.

110. b) Rodaballo.

111. b) Paellera.

112. c) 55.

113. d) Perol.

114. b) El batido de natas y cremas.

115. a) Lustrera.

116. d) Lengua.

117. d) Moldes de pudding.

118. d) Pequeño material y accesorios.

119. c) Colador chino.

120. a) Saltear, rehogar y estofar géneros.

121. c) Hay mayor pérdida de propiedades nutritivas del alimento.

122. d) Todas las respuestas son correctas.

123. a) Tipo y número de dietas a servir en cada departamento.

124. a) El alimento pasa por fases de conservación tras su elaboración.

125. c) No se dejan los alimentos en temperatura de riesgo.

TEST N.º 5

Condiciones higiénico-sanitarias. Manipulación de alimentos. Almacenamiento de alimentos: sistemas y criterios de ordenación. Adecuada conservación de los alimentos: conservación de géneros crudos, semielaborados y elaborados. Métodos de envasado y conservación

1. ¿Cuál es el objeto del Real Decreto 1021/2022, de 13 de diciembre?

a) Establecer los requisitos en materia de higiene de la producción, elaboración, transporte, almacenamiento y comercialización de los productos alimenticios en establecimientos de comercio al por menor.

b) Establecer los requisitos en materia de higiene de la producción, elaboración, transporte, almacenamiento y comercialización de los productos alimenticios en establecimientos de comercio al por mayor.

c) Flexibilizar los requisitos relativos a los establecimientos de comercio al por menor que regula el Reglamento 3484/2000, de 29 de diciembre.

d) Dar rigidez a los requisitos establecidos en el Reglamento 852/2004.

2. ¿Cómo debe acreditarse la formación de los manipuladores de alimentos?

a) No hace falta acreditarla.

b) Documentalmente el que esté impuesto en el Plan de Formación de cada empresa alimentaria.

c) Un examen al firmar el contrato.

d) Un examen escrito y oral el primer día de trabajo.

3. Durante todos los procesos de manipulación, un alimento está sometido a alteraciones de diferentes causas, entre las que se encuentra:

a) De origen físico.

b) De origen químico.

c) De tipo biológico.

d) Todas son correctas.

4. ¿Qué debemos hacer para la prevención de las infecciones alimentarias, por parte del Auxiliar de cocina?

a) Lavar las manos y las superficies de trabajo.

b) Separar los alimentos para evitar la contaminación cruzada.

c) Cocinar a cualquier temperatura, sin tener en cuenta el tipo de alimento.

d) Las respuestas a) y b) son correctas.

5. Los contenedores utilizados para transporte de productos alimenticios, ¿podrán transportar algo que no sean productos alimenticios?

a) No, nunca.

b) Sí, siempre que exista una separación efectiva de los productos para evitar contaminación.

c) Sí, no tienen por qué ser exclusivos para productos alimenticios.

d) Cada producto debe ir obligatoriamente en un contenedor, aunque podrá ser transportado en el mismo vehículo.

6. ¿Qué dice el Reglamento 852/2004 sobre los contenedores de desperdicios de productos alimenticios?

a) Estarán provistos de cierre y se mantendrán limpios.

b) Tendrán una capacidad de 10 metros cúbicos.

c) Serán de color negro.

d) Todas las respuestas son correctas.

7. ¿Qué afirmación es correcta sobre los envases de productos alimenticios?

a) Serán siempre no reutilizables.

b) Serán reutilizables y de material permeable.

c) Se almacenarán de manera que se garantice su integridad.

d) Todas las respuestas son correctas.

8. El sistema de APPCC tiene como objetivo:

a) Establecer un plan de emergencia para el caso de incendio.

b) Identificar, valorar y controlar los peligros sanitarios e higiénicos asociados al conjunto y a cada una de las fases de la cadena alimentaria.

c) Analizar las pautas de comportamiento de los trabajadores.

d) Ninguna de las anteriores respuestas es la correcta.

9. Todo manipulador de alimentos debe respetar las siguientes normas de higiene:

a) Lavado de manos con agua caliente y jabón.

b) Fumar, toser o estornudar sobre el alimento.

c) Usar mascarilla exclusivamente para la manipulación de productos que se consumirán en crudo.

d) Todas son correctas.

10. ¿Quién impartirá la formación a los manipuladores de alimentos?

a) La propia empresa o una entidad autorizada por la autoridad sanitaria competente.
b) La propia empresa siempre.
c) La autoridad competente.
d) Una empresa auditora.

11. ¿Cuál es la definición correcta de "Higiene Alimentaria", según la Organización Mundial de la Salud?

a) El conjunto de medidas necesarias para asegurar la salubridad de un producto.
b) El conjunto de medidas necesarias para asegurar la inocuidad de un producto.
c) El conjunto de medidas necesarias para asegurar el buen estado de los productos.
d) El conjunto de medidas necesarias para asegurar la salubridad, inocuidad y buen estado de los productos destinados a la alimentación, en todas las etapas de su preparación.

12. ¿Qué requisitos exige el Reglamento 852/2004 del Parlamento Europeo, para los locales destinados a los productos alimenticios?

a) Habrá ventilación artificial para evitar tener que hacer control de temperatura.
b) Se evitarán las corrientes de aire desde zonas contaminadas a zonas limpias.
c) Dispondrán siempre de buena iluminación natural.
d) Todas las respuestas son correctas.

13. El Reglamento 852/2004 establece las disposiciones aplicables a los productos alimenticios, ¿cuál de las siguientes es falsa?

a) Las materias primas e ingredientes se almacenarán en condiciones adecuadas, que permitan evitar su deterioro y protegerlos de la contaminación.
b) Las materias primas o productos no deberán conservarse a temperaturas que puedan dar lugar a riesgos para la salud.
c) Cuando un operador de empresa alimentaria prevea razonablemente que una materia prima pueda estar contaminada, la someterá a cocción prolongada para eliminar los microorganismos.
d) La descongelación se hará de modo que se reduzca al mínimo el riesgo de multiplicación de microorganismos patógenos o la formación de toxinas.

14. ¿Qué norma establece las infracciones en materia de seguridad alimentaria y las sanciones correspondientes?

a) El Reglamento 852/2004 del Parlamento Europeo y del Consejo, de 29 de abril, relativo a la higiene de los productos alimenticios.
b) La Ley 17/2009, de 23 de noviembre.
c) El Real Decreto 202/2000, de 11 de febrero, por el que se establecen las normas relativas a los manipuladores de alimentos.
d) La Ley 17/2011, de 5 de julio, de seguridad alimentaria y nutrición.

15. ¿Qué es un portador sano?

a) Persona que sin presentar síntomas de enfermedad, puede transmitir gérmenes a los alimentos y causar daños en otras personas.
b) Persona con alguna patología que trabaja de Auxiliar de cocina.
c) Persona que presenta síntomas de enfermedad, puede transmitir gérmenes a los alimentos y causar daños en otras personas.
d) Persona ajena a la cocina que es portadora de bacterias.

16. ¿Se puede utilizar agua corriente para el vapor que entra en contacto con los alimentos?

a) Sí, siempre que no contenga ninguna sustancia que entrañe peligro para la salud o pueda contaminar el producto.
b) No, nunca.
c) Sólo si el agua es no potable.
d) El Reglamento 852/2004 no habla de este aspecto.

17 ¿Qué es el sistema APPCC?

a) Un instrumento para ayudar a logra niveles elevados de seguridad alimentaria.
b) Un sistema de control de personal.
c) Un método para definir los procesos de producción.
d) Una guía de buenas prácticas.

18. En las instalaciones donde se manipulan alimentos, está...

a) Prohibido fumar, comer, mascar chicle, escupir o cualquier cosa no higiénica que pueda contaminar los alimentos.
b) Prohibido fumar, pero sí se puede comer.
c) No se puede mascar chicles, pero se puede comer.
d) Está prohibido mascar chicle, pero se puede fumar.

19. ¿Qué es el aprovisionamiento de mercancía?

a) Abastecimiento de lo necesario.
b) Acumulación de existencias.
c) Provisión de materiales sin criterio de necesidad.
d) Previsión de necesidades.

20. ¿Cuáles son los materiales inventariables?

a) Fungibles.
b) No fungibles.
c) Los que se agotan o consumen con el uso.
d) No almacenables.

21. ¿Cuáles son las fases de la gestión de aprovisionamiento, por orden de realización?

a) Planificación de necesidades, almacenamiento, control de inventario y compra.
b) Planificación de necesidades, control de inventario, compra y almacenamiento.
c) Planificación de necesidades, compra, almacenamiento y control de inventarios.
d) Control de inventario, compra, almacenamiento y planificación de necesidades.

22. Cuando los pedidos se hacen con una periodicidad que varía en función del ritmo de consumo de cada artículo, ¿qué sistema se está utilizando?

a) Sistema de revisión continua.
b) Sistema de revisión periódica.
c) Sistema de revisión perfecto.
d) Sistema de periodicidad continua.

23. ¿Qué utilidad tiene el albarán?

a) Comprobante de la mercancía entregada para el comprador.
b) Justificante de entrega para el vendedor.
c) Justificante de pago.
d) Son correctas las respuestas a) y b).

24. Si se pide un saco de patatas, ¿de qué unidad se trata?

a) Unidad de almacenaje.
b) Unidad de entrega.
c) Unidad de compra.
d) Todas las respuestas son correctas.

25. ¿Qué condiciones de almacenamiento cumplirán las pilas o lotes de productos?

a) Se colocarán separados del techo.
b) Se colocarán juntos unos con otros.
c) Se colocarán pegados a las paredes laterales.
d) Todas las respuestas son correctas.

26. ¿Qué características tendrán las máquinas que entran en contacto con los alimentos?

a) Transmitirán al producto propiedades nocivas.
b) Las partes metálicas irán revestidas por capas anticorrosión.
c) Las válvulas serán susceptibles de modificar sustancialmente las características de los alimentos.
d) Todas las respuestas son correctas.

27. ¿En qué consiste la rotación periódica de los alimentos?

a) En poner los últimos productos adquiridos o los de fecha más alejada en lugares menos accesibles.
b) En poner los últimos productos adquiridos o los de fecha más cercana en lugares más accesibles.
c) En cambiar de ubicación los productos.
d) Ninguna respuesta es correcta.

28. ¿Qué diferencia hay entre las conservas y las semiconservas?

a) Las semiconservas necesitan frío y las conservas no.
b) Las conservas necesitan frío y las semiconservas no.
c) Las semiconservas duran más tiempo que las conservas.
d) Son correctas las respuestas a) y c).

29. ¿A qué temperatura se almacenan los productos cocinados congelados?

a) A 18 ºC.
b) A –18 ºC.
c) A 5 ºC.
d) A 0 ºC.

30. ¿Cómo será la humedad de los almacenes de alimentos?

a) Elevada para evitar la desecación.
b) Baja para evitar la proliferación de hongos.
c) Homogénea y constante en todos los almacenes.
d) Depende del tipo de alimento almacenado.

31. ¿Cuál de los siguientes alimentos no es una conserva?

a) Embutidos.
b) Tallarines.
c) Mojama.
d) Sardinas en lata.

32. ¿Cuál de las siguientes afirmaciones acerca de la congelación no es cierta?

a) Es un método de conservación que se basa en la inhibición del crecimiento bacteriano.
b) La más correcta es la congelación rápida, ya que la lenta puede deteriorar los alimentos.
c) Se trata de mantener el alimento a una temperatura superior a –18 ºC.
d) La ultracongelación equivale a congelación rápida.

33. Los boquerones en vinagre son un tipo de conserva de pescado. ¿En qué se basa?

a) En la deshidratación.
b) En la acidificación.
c) En la liofilización.
d) No están conservados.

34. ¿Qué es la salmuera?

a) Un tipo de pescado.
b) Una especia.
c) Sal disuelta en agua.
d) Un método de conservación por frío.

35. ¿Para qué se utiliza el escabeche?

a) Para enriquecer el sabor.
b) Para conservar.
c) Para disminuir la temperatura del producto.
d) Las opciones a) y b) son correctas.

36. ¿Cuál de las siguientes afirmaciones no es correcta?

a) No se deben introducir latas de conserva una vez abiertas en el refrigerador.
b) Los géneros se deben meter en refrigerador en las cajas en que los sirvió el proveedor.
c) No se deben introducir géneros calientes en el refrigerador.
d) Los géneros se deben envolver antes de meter en la nevera.

37. ¿Qué tipo de conserva es el jamón?

a) Es un producto conservado por deshidratación.
b) Es un producto conservado por refrigeración.
c) Es un producto conservado por salazón.
d) No es un producto conservado.

38. ¿Qué efecto tiene el frío sobre los alimentos?

a) Mata a los microorganismos, alargando la vida útil del alimento.
b) Solidifica el agua, impidiendo que esté disponible para los microorganismos.
c) Acidifica el medio, modificando su sabor.
d) Las respuestas a y b son correctas.

39. ¿Con qué tipo de alimento se prepara la compota?

a) Con hortalizas.
b) Con carne.
c) Con aceites.
d) Con fruta.

40. ¿Qué son los productos de tercera gama?

a) Productos congelados no cocinados.
b) Productos limpios precocinados y envasados.
c) Productos totalmente preparados, cocinados, envasados al vacío y refrigerados.
d) Alimentos crudos.

Solución al test n.º 5

1. a) Establecer los requisitos en materia de higiene de la producción, elaboración, transporte, almacenamiento y comercialización de los productos alimenticios en establecimientos de comercio al por menor.

2. b) Documentalmente el que esté impuesto en el Plan de Formación de cada empresa alimentaria.

3. d) Todas son correctas.

4. d) Las respuestas a) y b) son correctas.

5. b) Sí, siempre que exista una separación efectiva de los productos para evitar contaminación.

6. a) Estarán provistos de cierre y se mantendrán limpios.

7. c) Se almacenarán de manera que se garantice su integridad.

8. b) Identificar, valorar y controlar los peligros sanitarios e higiénicos asociados al conjunto y a cada una de las fases de la cadena alimentaria.

9. a) Lavado de manos con agua caliente y jabón.

10. a) La propia empresa o una entidad autorizada por la autoridad sanitaria competente.

11. d) El conjunto de medidas necesarias para asegurar la salubridad, inocuidad y buen estado de los productos destinados a la alimentación, en todas las etapas de su preparación.

12. b) Se evitarán las corrientes de aire desde zonas contaminadas a zonas limpias.

13. c) Cuando un operador de empresa alimentaria prevea razonablemente que una materia prima pueda estar contaminada, la someterá a cocción prolongada para eliminar los microorganismos.

14. d) La Ley 17/2011, de 5 de julio, de seguridad alimentaria y nutrición.

15. a) Persona que sin presentar síntomas de enfermedad, puede transmitir gérmenes a los alimentos y causar daños en otras personas.

16. a) Sí, siempre que no contenga ninguna sustancia que entrañe peligro para la salud o pueda contaminar el producto.

17. a) Un instrumento para ayudar a logra niveles elevados de seguridad alimentaria.

18. a) Prohibido fumar, comer, mascar chicle, escupir o cualquier cosa no higiénica que pueda contaminar los alimentos.

19. a) Abastecimiento de lo necesario.

20. b) No fungibles.

21. c) Planificación de necesidades, compra, almacenamiento y control de inventarios.

22. c) Sistema de revisión perfecto.

23. d) Son correctas las respuestas a) y b).

24. b) Unidad de entrega.

25. a) Se colocarán separados del techo.

26. b) Las partes metálicas irán revestidas por capas anticorrosión.

27. a) En poner los últimos productos adquiridos o los de fecha más alejada en lugares menos accesibles.

28. a) Las semiconservas necesitan frio y las conservas no.

29. b) A –18 ºC.

30. d) Depende del tipo de alimento almacenado.

31. b) Tallarines.

32. c) Se trata de mantener el alimento a una temperatura superior a –18 ºC.

33. b) En la acidificación.

34. c) Sal disuelta en agua.

35. d) Las opciones a) y b) son correctas.

36. b) Los géneros se deben meter en refrigerador en las cajas en que los sirvió el proveedor.

37. c) Es un producto conservado por salazón.

38. b) Solidifica el agua, impidiendo que esté disponible para los microorganismos.

39. d) Con fruta.

40. a) Productos congelados no cocinados.

Conocimiento de la composición nutritiva de los alimentos. Alimentación y nutrición. Concepto y clasificación de los alimentos. La pirámide de los alimentos. Conceptos básicos sobre los distintos tipos de dietas

1. Se define alimentación como:

a) Disciplina que estudia los regímenes alimenticios en la salud o en la enfermedad (dietoterapia), de acuerdo con los conocimientos sobre fisiología de la nutrición en el primer caso y sobre la fisiopatología del trastorno en cuestión en el segundo.

b) Proceso voluntario que tiene como objetivo el obtener del entorno alimentos con los que poder aportar a nuestro organismo los nutrientes que precisa para la vida.

c) Conjunto de procesos mediante los cuales el organismo utiliza, transforma e incorpora en sus propias estructuras una serie de sustancias que proceden de los alimentos con el objetivo de obtener energía, construir y reparar las estructuras orgánicas, y regular los diferentes procesos metabólicos.

d) Adaptación de la alimentación a las diferentes alteraciones metabólicas y/o digestivas producidas por una patología, siempre a través del uso balanceado de los diferentes grupos de alimentos.

2. ¿Cuál de las siguientes respuestas es falsa?

a) La alimentación es un proceso involuntario.

b) La nutrición es el conjunto de procesos mediante los cuales el organismo utiliza, transforma e incorpora en sus propias estructuras una serie de sustancias que proceden de los alimentos con el objetivo de obtener energía, construir y reparar las estructuras orgánicas, y regular los diferentes procesos metabólicos.

c) La alimentación se encuentra influida por factores socioeconómicos, psicológicos y geográficos.

d) La función de los nutrientes es aportar energía, aminoácidos o elementos reguladores del metabolismo.

3. ¿Por dónde desciende el bolo alimenticio antes de llegar al estómago?

a) Cavidad bucal.
b) Esófago.

c) Intestino delgado.

d) Páncreas.

4. ¿Dónde ocurre la mayor parte de la absorción?

a) En el intestino delgado.

b) En el intestino grueso.

c) En el estómago.

d) En el esófago.

5. ¿Cómo se denominan las reacciones que degradan los nutrientes para obtener otras moléculas?

a) Anabolismo.

b) Catabolismo.

c) Metabismo.

d) Todas las respuestas son correctas.

6. ¿Cuál es el grupo de alimentos que debe consumirse en mayor cantidad diariamente?

a) Frutas.

b) Verduras.

c) Carnes y pescados.

d) Farináceos.

7. Entre frutas y verduras, ¿qué mínimo de raciones se recomienda?

a) 1.

b) 3.

c) 5.

d) 7.

8. ¿Cuál de las siguientes respuestas es falsa?

a) Asegurar un aporte adecuado de harinas presentes en cereales, tubérculos o legumbres, entre 4 y 6 raciones diarias. Procurar que algún cereal sea completo o integral.

b) Reducir el aporte de azúcares simples presentes en el azúcar, golosinas, bombones, refrescos azucarados, etc.

c) El agua es la principal bebida fisiológica por excelencia, de forma esporádica y moderada se pueden tomar zumos envasados, batidos de sabores, etc.

d) Se puede abusar del consumo de alcohol.

9. ¿Según la Sociedad Española de Nutrición Comunitaria (SENC), cuantas raciones de legumbres se recomiendan a la semana?

a) 3-4 raciones.

b) 2 -3 raciones.

c) 8-10 raciones.
d) 3-7 raciones.

10. Una ración de fruta equivale a:

a) 20-40 gramos en crudo y porción comestible.
b) 80-100 gramos en crudo y porción comestible.
c) 120-200 gramos en crudo y porción comestible.
d) 220-300 gramos en crudo y porción comestible.

11. ¿Qué garbanzos proceden del cruce de los tipos chato y madrileño?

a) Venoso andaluz.
b) Blanco lechoso.
c) Castellano.
d) Chamad.

12. ¿Qué condimento se usa en repostería, panes, dulces, compotas e infusiones?

a) Canela.
b) Ajedrea.
c) Apio.
d) Cilantro.

13. ¿Qué nutriente es inorgánico?

a) Vitaminas, como la vitamina C.
b) Proteínas, como la de la carne.
c) Sales minerales, como el cloruro sódico.
d) Ácidos nucleicos, como las purinas.

14. ¿Qué alimento no es rico en azufre?

a) Legumbres.
b) Huevos.
c) Leche.
d) Carnes.

15. ¿Qué alimento es rico en hierro?

a) Víscera animal.
b) Lácteos.
c) Frutas carnosas.
d) Cereales.

16. ¿Qué elemento químico no es obligatorio o esencial en la composición de los azúcares?

a) C.
b) H.
c) O.
d) N.

17. ¿Qué composición de fibras vegetales es soluble?

a) Agar-agar.
b) Lignina.
c) Celulosa.
d) Hemicelulosa.

18. ¿Cuántos aminoácidos esenciales hay en la especie humana?

a) 20.
b) 15.
c) 8.
d) 4.

19. ¿Qué otro nombre recibe la vitamina C?

a) Riboflavina.
b) Piridoxina.
c) Ácido ascórbico.
d) Tocoferol.

20. ¿Qué vitamina es antihemorrágica?

a) La vitamina A.
b) La vitamina B_{12}.
c) La vitamina D.
d) La vitamina K.

21. Un alimento conservado por ultracongelación es de la gama:

a) Primera.
b) Segunda.
c) Tercera.
d) Cuarta.

22. Los componentes químicos de la dieta son:

a) Los principios inmediatos.
b) Los alimentos.

c) Los nutrientes.
d) Nada de lo anterior es correcto.

23. ¿Cómo se denominan los alimentos que están destinados fundamentalmen-te a la formación y renovación de los tejidos humanos, tanto en la fase de construc-ción o crecimiento como en la renovación de tejidos en los adultos?

a) Energéticos.
b) Vitamínicos.
c) Plásticos.
d) Reguladores.

24. ¿Qué alimentos son aquellos cuya composición principal son las proteínas y el calcio?

a) Alimentos reguladores.
b) Alimentos biocatalizadores.
c) Alimentos energéticos.
d) Alimentos plásticos.

25. ¿Qué alimentos incluirías en el grupo de reguladores?

a) Aceite y tocino.
b) Pan.
c) Frutas y verduras.
d) Leche.

26. ¿Qué sustancias nutritivas poseen esencialmente los alimentos llamados energéticos?

a) Proteínas y grasas.
b) Vitaminas y minerales.
c) Proteínas y calcio.
d) Azúcares y grasas.

27. ¿Quiénes componen el tercer grupo de la rueda de los alimentos?

a) Leche y derivados.
b) Tubérculos, legumbres y frutos secos.
c) Cereales, arroz, pan, pasta y azúcar.
d) Carnes, pescados y huevos.

28. Respecto a las grasas insaturadas todo lo que se dice es cierto, excepto que:

a) Estas grasas tienden a disminuir el nivel de colesterol en sangre.
b) Proceden sobre todo de los alimentos de origen animal, excepto el pescado.

c) También se encuentran sobre todo en los aceites de semillas.
d) A temperatura ambiente suelen ser líquidas.

29. ¿Qué alimentos de los expuestos no está en la base de la pirámide de alimentos?

a) Pan.
b) Patatas.
c) Plátanos.
d) Carnes rojas.

30. ¿Qué alimento consideras que es de consumo ocasional?

a) Carnes grasas.
b) Leche.
c) Pescado y mariscos.
d) Aceite de oliva.

31. En el Sistema Internacional la unidad de energía es:

a) El julio (J).
b) La caloría (Cal).
c) El grado centígrado (ºC).
d) El ergio (erg).

32. ¿Qué grupo de alimentos es el más rico en lípidos?

a) Aceite y grasas.
b) Verduras y hortalizas.
c) Carnes.
d) Pescados.

33. La ternera asada no forma parte de las dietas:

a) Hipoprotéicas.
b) Hiposódicas.
c) Hipocalóricas.
d) Bajas en calcio.

34. La vitamina K es necesaria para:

a) La coagulación sanguínea, por lo que la carencia de esta vitamina favorece las hemorrágias.
b) Es imprescindible para el crecimiento normal y una buena visión.
c) Tiene capacidad antioxidante, y protege a las células del deterioro causado por los radicales libres.
d) Mantiene el potencial eléctrico de las células nerviosas y musculares.

35. ¿Cuáles de las siguientes fibras son insolubles?

a) Pectinas.
b) Gomas.
c) Celulosa.
d) Mucílagos.

36. ¿Qué función tiene la fibra?

a) Energética, aporta por cada gramo 9 Kcal.
b) Es necesaria para la formación de huesos.
c) Mantiene el equilibrio hídrico.
d) Acelera el tránsito intestinal.

37. ¿Qué moléculas forman las proteínas?

a) Aminoácidos.
b) Monosacáridos.
c) Ácidos grasos.
d) Fibra.

38. ¿Cuál de las siguientes vitaminas son liposolubles?

a) Vitamina C.
b) Tiamina.
c) Retinol.
d) Ácido fólico.

39. ¿Cuál es la principal función de la vitamina A?

a) Interviene en la síntesis proteica y de colágeno.
b) Participa en el proceso de visión, y en el crecimiento y desarrollo de huesos, dientes, piel y mucosas.
c) Es necesario para la síntesis de vitamina B_{12}, producción de eritrocitos y formación de mielina.
d) Se relaciona con el metabolismo de la glucosa.

40. ¿Qué se define como la técnica y el arte de utilizar los alimentos de la forma adecuada, partiendo del conocimiento profundo del organismo humano y de los alimentos, para proponer y promover formas de alimentación, variada, suficiente y equilibrada?

a) Dietología.
b) Bromatología.
c) Dietética.
d) Nutrición.

41. ¿Qué afirmación es incorrecta si un individuo tiene el hábito y práctica de una mala nutrición?

a) Puede disminuir su inmunidad.
b) Generalmente no altera su productividad laboral si es un operario.
c) Posee una mayor vulnerabilidad a enfermedades.
d) Puede alterar el desarrollo físico y mental si es un niño.

42. ¿Cuál de estos términos técnicamente se considera sinónimo de dieta equilibrada?

a) Comer bien.
b) Alimentación sana.
c) Ración modelo.
d) Nada de lo anterior.

43. Las dietas terapéuticas:

a) Siempre son dietas incompletas.
b) Tienen alguna modificación de consistencia o de tipo cuantitativo o cualitativo respecto a la dieta basal.
c) Cualquier dieta terapéutica necesita la supresión de algún alimento.
d) No existen dichas dietas.

44. ¿Qué recomendación no es correcta, según las estrategias de la NAOS, es necesaria para llevar una dieta equilibrada?

a) Alimentos cuyo consumo se recomienda varias veces a la semana: alimentos con función plástica o reguladora, como carne, pescado, huevo, legumbres y frutos secos.
b) Alimentos cuyo consumo se recomienda varias veces todos los días: cereales y derivados, tubérculos y verduras, hortalizas, fruta, lácteos y aceite de oliva para cocinar y aderezar las ensaladas.
c) Alimentos cuyo consumo debe ser ocasional: se trata de alimentos con un alto contenido en ácidos grasos saturados, azúcares y sal.
d) Alimentos prohibidos: se trata de alimentos que nunca deben tomarse, como por ejemplo el vino tinto ocasionalmente.

45. Las dietas que administramos en el ámbito de los centros hospitalarios son las denominadas dietas:

a) Hospitalarias.
b) Clínicas.
c) Terapéuticas.
d) Son ciertas las respuestas a) y b).

46. ¿Qué logramos con la codificación de las dietas expedidas por las instituciones sanitarias?

a) Mejora en el tiempo de trabajo y facilidad de entendimiento entre profesionales.
b) Evitar que el paciente/usuario se entere del significado de lo que come.
c) Simplifica la definición de la alimentación que cada paciente debe recibir durante su estancia en el centro.
d) Todo lo anterior es cierto.

47. ¿Cómo denominamos a una dieta sin restricción de nutrientes o alimentos específicos, destinada a personas sanas?

a) Dieta rígida.
b) Dieta basal.
c) Dieta flexible.
d) Dieta normal.

48. ¿Qué contenido en sodio debe tener una dieta basal sin sal?

a) Inferior a 20 g al día.
b) Inferior a 10 g al día.
c) Inferior a 5 g al día.
d) Inferior a 1 g al día.

49. La dieta terapéutica donde el paciente no ingiere alimentos se denomina:

a) Líquida.
b) Hipocalórica.
c) Hiposódica.
d) Absoluta.

50. ¿Qué modificación sufre una dieta si limitamos o eliminamos los alimentos que se pueden ingerir?

a) Modificación temporal.
b) Modificación de consistencia.
c) Modificación cuantitativa.
d) Modificación cualitativa.

51. La dieta líquida se recomienda a nivel hospitalario:

a) Después de una cirugía.
b) Tras un periodo de convalecencia.
c) Una vez pasada una enfermedad digestiva.
d) Todo lo anterior es cierto.

52. La dieta túrmix es la dieta:

a) Líquida.
b) Semilíquida.
c) Blanda.
d) Dura.

53. La dieta blanda está indicada:

a) Inmediatamente tras operación quirúrgica.
b) En casos de úlcera duodenal.
c) En casos de asma bronquial.
d) En periodo puerperal (postgestación).

54. La dieta diabética se denomina también:

a) Hiperglucémica.
b) Hipoglucémica.
c) Cetonémica.
d) Hipoproteica.

55. La restricción proteica en una dieta hipoproteica oscila entre:

a) Entre 150-160 g de proteínas de origen mixto (animal y vegetal) al día.
b) Entre 150-160 g de proteínas exclusivamente de origen animal al día.
c) Entre 50-60 g de proteínas de origen mixto (animal y vegetal) al día.
d) Entre 50-60 g de proteínas exclusivamente de origen vegetal al día.

56. La dieta hipoproteica está prescrita en aquellos casos clínicos que se requieran por:

a) Patología esquelética.
b) Patología renal.
c) Patología respiratoria.
d) Patología bucal.

57. Una dieta exenta de gluten poseerá alimentos que contienen de cereal:

a) Trigo.
b) Arroz.
c) Cebada.
d) Centeno.

58. Una dieta exenta de gluten está indicada en pacientes afectos de:

a) Intolerancia o alergia al gluten.
b) Enfermedad celíaca.

c) Dermatitis herpetiforme.
d) En todos los casos anteriores.

59. Las dietas pobres en purina está indicada en pacientes con:

a) Diabetes sacarina.
b) Diabetes insípida.
c) Diabetes mellitus.
d) Gota (hiperuricemia).

60. ¿Qué alimentos son ricos en purinas?

a) Vísceras y extractos cárnicos.
b) Verduras y frutas.
c) Leche y huevos.
d) Pan y pastas.

61. ¿Qué alimentos tienen prohibidos los pacientes con cólicos nefríticos de repetición por cálculos de oxalatos?

a) Zumos de fruta.
b) Patatas.
c) Col.
d) Zanahorias.

62. La dieta para el paciente dializado debe ser:

a) Normocalórica, hipoproteica y reducida en potasio.
b) Hipercalórica, hiperproteica y reducida en potasio.
c) Normocalórica, hiperproteica y reducida en potasio.
d) Normocalórica, hiperproteica y con cifras normales de potasio.

63. ¿Qué requisitos generales deben cumplir las dietas?

a) Aportar suficiente energía.
b) Completa y equilibrada.
c) Adecuada para el objetivo previsto.
d) Todas las respuestas son correctas.

64. ¿Qué significa que una dieta sea equilibrada?

a) Que aporte suficiente energía para llevar a cabo la actividad diaria, sin menoscabo para la salud.
b) Que contiene todos los nutrientes.
c) Que los nutrientes presentes en la dieta estén además en proporción adecuada.
d) Que es adecuada para el objetivo que pretende la dieta en sí, a la salud de cada persona, y a los hábitos de la población.

65. ¿Qué otros factores son importantes a la hora de diseñar un menú?

a) Que las necesidades nutricionales sean las mismas independientemente del colectivo del que se trate.
b) Los hábitos alimentarios.
c) Que se utilicen alimentos variados, independientemente de la estación del año, y la localización geográfica.
d) Todas las respuestas son correctas.

66. ¿Cuál es el primer paso en la planificación de menús?

a) Estudio de necesidades.
b) Establecimiento de la fórmula dietética.
c) Distribución del valor calórico total.
d) Estructura básica del menú.

67. ¿Qué indica la fórmula dietética?

a) El reparto del aporte calórico entre las distintas tomas.
b) El contenido de los alimentos ingeridos a lo largo del día, tanto cuantitativamente como cualitativamente.
c) La especificación de menús completos y la distribución semanal.
d) La estructura básica del menú diario.

68. De los siguientes productos, ¿cuáles no son derivados de la leche?

a) Nata y mantequilla.
b) Queso y requesón.
c) Sueros lácteos.
d) Cafeína.

69. Señala cuál de las siguientes afirmaciones es correcta:

a) La canal incluye la carne y todas las vísceras del animal.
b) Los derivados cárnicos son productos alimenticios preparados total o parcialmente con carnes o despojos sometidos a operaciones específicas.
c) Los productos tales como solomillo, entrecot, bistec, chuletas, etc., se consideran derivados cárnicos.
d) Todas las respuestas anteriores son correctas.

70. El Código Alimentario Español, dentro del grupo de "pescados", incluye los siguientes:

a) Aquellos animales que viven en el agua y son comestibles.
b) Exclusivamente a los vertebrados marinos.

c) Exclusivamente a los vertebrados de agua dulce.
d) Todos excepto las ballenas, por ser mamíferos.

71. ¿Cuál de las siguientes afirmaciones es falsa?

a) El pescado tiene menos grasas saturadas y menos colesterol que algunas carnes.
b) El pescado azul tiene mayor valor calórico que el blanco.
c) El pescado fresco tiene mayor valor nutritivo que el congelado.
d) Todas son falsas.

72. ¿Cuándo se considera que un huevo es fresco?

a) Cuando se mantiene en cámaras a temperatura no superior a 4 ºC durante un tiempo inferior a 30 días.
b) Cuando está conservado por encima de 0 ºC durante una semana como máximo.
c) Sólo se considera fresco el huevo recién puesto.
d) Cuando no ha sido refrigerado ni conservado por ningún método.

73. Un huevo que ha sido incubado se dice que es un huevo:

a) Fresco.
b) Defectuoso.
c) Averiado.
d) Podrido.

74. ¿Qué tipo de alimento son las habas?

a) Frutos.
b) Legumbres.
c) Bulbos.
d) Frutas.

75. ¿Cómo se denomina el tocino entreverado que ha sido sometido a operaciones de ahumado, salazón o adobo?

a) Panceta.
b) Bacón.
c) Papada.
d) Lomo.

76. ¿Qué son los yogures?

a) Son postres elaborados con leche fermentada.
b) Son postres elaborados con leche condensada.
c) Son postres elaborados con natas.
d) Todas las opciones anteriores son válidas.

77. ¿Qué tratamiento recibirá la leche destinada para el consumo de colectividades?

a) Ninguno, porque la leche cruda es muy nutritiva.
b) Debe recibir algún tratamiento térmico.
c) Será siempre leche especial sin tratar.
d) Todas las respuestas son correctas.

78. ¿Cómo se denomina la leche modificada por acción microbiana?

a) Leche enriquecida.
b) Leche desnatada.
c) Leche fermentada.
d) Leche adicionada de aromas.

79. Señala cuál de las siguientes afirmaciones es correcta:

a) La leche esterilizada es leche natural, sometida a un proceso tecnológico tal, que asegure la destrucción de los microorganismos y la inactividad de sus formas de resistencia.
b) La leche evaporada es leche esterilizada a la que se le añade agua.
c) Leche condensada es la leche higienizada y concentrada por eliminación de agua, sin añadirle azúcares.
d) Leche en polvo es aquella que se congela y posteriormente se tritura.

80. Según su composición podemos decir que hay natas de los siguientes tipos:

a) Batidas o montadas.
b) De vaca, oveja o cabra.
c) Doble nata, delgada o ligera.
d) Todas son correctas.

81. ¿Qué es la caseína?

a) Líquido formado por parte de los componentes de la leche.
b) Es el principal componente proteico de la leche.
c) Producto obtenido precipitando las proteínas en medio ácido, por el calor.
d) Ninguna es correcta.

82. ¿Cómo se denomina al pollo castrado y bien cebado?

a) Gallina.
b) Pichón.
c) Capón.
d) Lechón.

83. Si un huevo tiene la clara de color verdoso, ¿qué le ocurre?

a) Se desechará.
b) Está defectuoso.
c) Es un huevo de oca.
d) Está en perfectas condiciones.

84. ¿Cuáles de las siguientes hortalizas son bulbos?

a) Berenjena, guindilla, pimiento.
b) Ajo, cebolla y puerro.
c) Ajo, guisante y lombarda.
d) Berenjena, cebolleta y berro.

85. ¿Qué tipo de alimento es la patata?

a) Un bulbo.
b) Una legumbre.
c) Un fruto.
d) Un tubérculo.

86. ¿Qué grupo de alimentos es el más rico en lípidos?

a) Aceites y grasas.
b) Verduras y hortalizas.
c) Carnes.
d) Pescados.

87. Según el Código Alimentario Español, ¿en qué grupo de alimentos se incluye al tomate?

a) Verduras.
b) Hortalizas.
c) Frutas carnosas.
d) Frutos oleaginosos.

88. ¿Qué es un producto sucedáneo?

a) Todo producto que tiene un sabor distinto al esperado.
b) Todo producto que sustituye un alimento por otro, sin que el consumidor lo note.
c) Todo producto que, sin fines engañosos o fraudulentos, pretenda sustituir en todo o en parte a un alimento.
d) Producto esencial en la dieta.

89. ¿A qué tipo de tratamiento habrá sido sometida una leche concentrada?

a) Eliminación de agua.
b) Eliminación de grasa.
c) Adición de nutrientes.
d) Adición de estimulantes.

90. ¿Está permitida la adición de glucosa a la nata?

a) No.
b) Sí, en una proporción inferior al 10 % en peso.
c) Sí, en una proporción superior al 10 % en peso.
d) No está permitido adicionar glucosa, pero sí sacarosa.

91. ¿Qué peso tienen los huevos de tamaño L?

a) 43 – 53 g.
b) 53 – 63 g.
c) 63 – 73 g.
d) 73 – 83 g.

92. Según el Código Alimentario Español, ¿cómo se clasifican las judías verdes?

a) Legumbre verde.
b) Legumbre seca.
c) Tallo.
d) Fruto.

93. ¿Qué características tiene la fruta confitada?

a) La acidez total excederá el 14 %.
b) La acidez total no excederá el 14 %.
c) No podrá contener sal.
d) Es el producto obtenido por la cocción reiterada de los frutos en jarabes.

94. La denominación genérica de leche se aplica a:

a) La leche de oveja.
b) La leche de vaca.
c) La leche de cabra.
d) La leche de burra.

95. La leche higienizada:

a) Es la procedente de explotaciones ganaderas.
b) Es la leche certificada.
c) Es la leche natural sometida a un proceso tecnológico autorizado.
d) Es aquella cuya composición ha sido modificada.

96. Son derivados de la leche:

a) La nata y la mantequilla.
b) Los quesos, los sueros lácticos y el requesón.
c) La caseína.
d) Todas las anteriores.

97. La doble nata contiene:

a) Un 18 % en peso de grasa.
b) Un 50 % en peso de grasa.
c) Un 30 % en peso de grasa.
d) Un mínimo de un 70 % en peso de grasa.

98. ¿Cuál de los siguientes pertenece a la espacie de bóvido?

a) Novillo.
b) Buey.
c) Ternera.
d) Todos los anteriores.

99. Las hortalizas destinadas al consumo fresco deben:

a) Estar recién recolectadas.
b) Estar exentas de artrópodos.
c) Estar exentas de lesiones o traumatismos.
d) Todas las anteriores.

100. ¿Cómo se denomina la grasa que procede del fruto del cocotero adecuadamente refinado de consistencia pastosa, o fluida, según la temperatura ambiente, de color blanco o de marfil?

a) Manteca de palma.
b) Manteca de cacao comestible.
c) Manteca de coco.
d) Aceite de palmiste.

101. La manteca en rama o en pella:

a) Es el producto obtenido por fusión de las grasas de depósito del ganado vacuno sacrificado en perfectas condiciones sanitarias.
b) Es la grasa que recubre los riñones del cerdo, mesenterios y epiplones, extraída directamente del animal.
c) Es la grasa obtenida calentando las grasas del cerdo a una temperatura máxima de 80 grados centígrados y depositados luego en moldes de los que toma su forma al enfriarse.
d) Es la grasa procedente de trozos de grasa recogida en el despiece y recortes, sometidos a la acción directa del vapor de agua.

102. ¿Qué es falso sobre el cuajo?

a) En su elaboración se permite la adición de manteca de cerdo.
b) En su elaboración se permite la adición de sal.
c) Se obtiene del ganado porcino.
d) Es un derivado de las grasas.

103. ¿Qué son los aditivos alimentarios?

a) Sustancias que se añaden a los alimentos, de manera intencionada, con el objetivo de modificar o mejorar sus cualidades.
b) Sustancias que se añaden a los alimentos, de manera intencionada, sin que se modifiquen sus cualidades.
c) Sustancias presentes en el alimento de manera accidental.
d) Son los principales ingredientes de cualquier alimento conservado.

104. ¿Qué son los alimentos se segunda gama?

a) Alimentos crudos.
b) Alimentos conservados.
c) Productos congelados no cocinados.
d) Productos limpios precocinados y envasados.

105. ¿Qué son los alimentos se cuarta gama?

a) Alimentos conservados.
b) Productos congelados no cocinados.
c) Productos limpios y envasados.
d) Alimentos conservados.

106. ¿Cómo se denomina el documento que nos aporta información sobre el rendimiento de un producto (coste de fabricación o elaboración de un producto)?

a) Escandallo.
b) Relevé.
c) Stock de producto.
d) Ración neta.

107. ¿Qué huevos van cocinados sin cáscara?

a) Duros.
b) Molletes.
c) Pasados por agua.
d) Todas son correctas.

108. ¿A qué gama pertenece una ensalada envasada en atmósfera controlada?

a) Primera gama.
b) Segunda gama.

c) Cuarta gama.
d) Quinta gama.

109. Unos melocotones se comercializan en un envase de cartón cubierto por un material plástico sobre el que hay unas pequeñas perforaciones. ¿A qué gama de alimentos pertenece este producto?

a) Primera gama.
b) Segunda gama.
c) Tercera gama.
d) Cuarta gama.

110. ¿Cuál de las siguientes características indican que un pescado blanco es fresco?

a) Branquias de color vivo, sin mucosidad.
b) Ojos convexos y opacos.
c) Carne de consistencia blanda.
d) Todas las respuestas son correctas.

111. Indica la respuesta incorrecta sobre el marisco congelado:

a) Debe conservarse a -23ºC.
b) Presentarán al corte una carne compacta.
c) Al descongelarlo presentarán el aspecto, la consistencia y el olor de los frescos.
d) Todas las respuestas son incorrectas.

112. ¿De dónde se obtiene el azúcar?

a) De la remolacha.
b) De la caña.
c) De la fruta.
d) Las respuestas a) y b) son correctas.

113. ¿Qué es el salvado?

a) Son cereales a los que tan solo se les ha quitado la cáscara.
b) Cáscara del grano de cereal desmenuzada por la molienda.
c) Parte de la semilla de la que nacerá los brotes de la nueva planta.
d) Cereales cocidos al vapor y aplanados.

114. ¿Qué es el altramuz?

a) Un cereal.
b) Una legumbre
c) Una hortaliza.
d) Un animal.

115. Es una función de los aditivos:

a) Mantener la disponibilidad de alimentos fuera de temporada.
b) Contribuir a la conservación.
c) Mejorar la aceptación del consumidor .
d) Todas son correctas.

116. ¿Qué ventaja tiene el uso de aditivos?

a) Preserva la calidad nutricional.
b) Disminuye la estabilidad de conservación.
c) Cambia sus propiedades organolépticas, llevando a error al consumidor.
d) Todas las respuestas son correctas.

117. ¿Qué tienen en común el queso y el requesón?

a) Ambos son sólidos.
b) Son derivados de la leche.
c) Se obtiene del ganado porcino.
d) Es un derivado de las grasas.

118. ¿Qué tipo de aditivo es el E-122 carmoisina?

a) Potenciador del sabor.
b) Conservante.
c) Colorante.
d) Espesante.

119. ¿Qué significan las siglas AOVE?

a) Aceite de oliva virgen extra.
b) Aceite de oliva virgen.
c) Aceite de oliva lampante.
d) Aceite de oliva refinado.

120. Las patatas paisanas se cortan:

a) A dados.
b) Finas y largas.
c) Redondas.
d) A la mitad.

121. ¿Cuál de los siguientes alimentos es una legumbre?

a) Sorgo.
b) Mijo.
c) Altramuz.
d) Alforfón.

122. Son ricos en hidratos de carbono:

a) Marisco.
b) Patatas.
c) Carnes.
d) Pescado.

123. Pertenece al grupo de los alimentos energéticos:

a) Carne.
b) Yogur.
c) Verduras.
d) Ninguno de los anteriores.

124. Los alimentos incluidos en el grupo de las frutas, verduras y hortalizas aportan al organismo humano, como nutrientes más significativos:

a) Vitaminas y sales minerales.
b) Lípidos.
c) Hidratos de carbono.
d) Proteínas.

125. Las carnes, pescados y huevos aportan al organismo, de manera principal:

a) Vitaminas.
b) Oligoelementos.
c) Proteínas.
d) Grasas.

126. Está en el grupo de los alimentos plásticos:

a) La leche y sus derivados.
b) Huevos.
c) Carne y pescado.
d) Todos.

127. Pertenecen al grupo de los alimentos energéticos:

a) Aceites.
b) Azúcares.
c) Cereales y legumbres.
d) Todos.

128. ¿Cuál es la principal función de las grasas en el organismo?

a) Reserva energética.
b) Aceleran la velocidad de las reacciones metabólicas.

c) Forman todos los tejidos del cuerpo.
d) Todas son correctas.

129. ¿Qué vitamina es fundamental para la visión?

a) A.
b) B.
c) C.
d) D.

130. ¿Qué enfermedad puede ser causada por insuficiencia de vitamina D?

a) Caries.
b) Enfermedades cardiovasculares.
c) Raquitismo.
d) Escorbuto.

Solución al test n.º 6

1. b) Proceso voluntario que tiene como objetivo el obtener del entorno alimentos con los que poder aportar a nuestro organismo los nutrientes que precisa para la vida.

2. a) La alimentación es un proceso involuntario.

3. b) Esófago.

4. a) En el intestino delgado.

5. b) Catabolismo.

6. d) Farináceos.

7. c) 5.

8. d) Se puede abusar del consumo de alcohol.

9. a) 3-4 raciones.

10. c) 120-200 gramos en crudo y porción comestible.

11. d) Chamad.

12. a) Canela.

13. c) Sales minerales, como el cloruro sódico.

14. c) Leche.

15. a) Víscera animal.

16. d) N.

17. a) Agar-agar.

18. c) 8.

19. c) Ácido ascórbico.

20. d) La vitamina K.

21. c) Tercera.

22. c) Los nutrientes.

23. c) Plásticos.

24. d) Alimentos plásticos.

25. c) Frutas y verduras.

26. d) Azúcares y grasas.

27. b) Tubérculos, legumbres y frutos secos.

28. b) Proceden sobre todo de los alimentos de origen animal, excepto el pescado.

29. d) Carnes rojas.

30. a) Carnes grasas.

31. a) El julio (J).

32. a) Aceite y grasas.

33. a) Hipoprotéicas.

34. a) La coagulación sanguínea, por lo que la carencia de esta vitamina favorece las hemorrágias.

35. c) Celulosa.

36. d) Acelera el tránsito intestinal.

37. a) Aminoácidos.

38. c) Retinol.

39. b) Participa en el proceso de visión, y en el crecimiento y desarrollo de huesos, dientes, piel y mucosas.

40. c) Dietética.

41. b) Generalmente no altera su productividad laboral si es un operario.

42. c) Ración modelo.

43. b) Tienen alguna modificación de consistencia o de tipo cuantitativo o cualitativo respecto a la dieta basal.

44. d) Alimentos prohibidos: se trata de alimentos que nunca deben tomarse, como por ejemplo el vino tinto ocasionalmente.

45. c) Terapéuticas.

46. c) Simplifica la definición de la alimentación que cada paciente debe recibir durante su estancia en el centro.

47. b) Dieta basal.

48. d) Inferior a 1 g al día.

49. d) Absoluta.

50. d) Modificación cualitativa.

51. d) Todo lo anterior es cierto.

52. b) Semilíquida.

53. b) En casos de úlcera duodenal.

54. b) Hipoglucémica.

55. c) Entre 50-60 g de proteínas de origen mixto (animal y vegetal) al día.

56. b) Patología renal.

57. b) Arroz.

58. d) En todos los casos anteriores.

59. d) Gota (hiperuricemia).

60. a) Vísceras y extractos cárnicos.

61. a) Zumos de fruta.

62. c) Normocalórica, hiperproteica y reducida en potasio.

63. d) Todas las respuestas son correctas.

64. c) Que los nutrientes presentes en la dieta estén además en proporción adecuada.

65. b) Los hábitos alimentarios.

66. a) Estudio de necesidades.

67. b) El contenido de los alimentos ingeridos a lo largo del día, tanto cuantitativamente como cualitativamente.

68. d) Cafeína.

69. b) Los derivados cárnicos son productos alimenticios preparados total o parcialmente con carnes o despojos sometidos a operaciones específicas.

70. a) Aquellos animales que viven en el agua y son comestibles.

71. c) El pescado fresco tiene mayor valor nutritivo que el congelado.

72. d) Cuando no ha sido refrigerado ni conservado por ningún método.

73. c) Averiado.

74. b) Legumbres.

75. b) Bacón.

76. a) Son postres elaborados con leche fermentada.

77. b) Debe recibir algún tratamiento térmico.

78. c) Leche fermentada.

79. a) La leche esterilizada es leche natural, sometida a un proceso tecnológico tal, que asegure la destrucción de los microorganismos y la inactividad de sus formas de resistencia.

80. c) Doble nata, delgada o ligera.

81. b) Es el principal componente proteico de la leche.

82. c) Capón.

83. a) Se desechará.

84. b) Ajo, cebolla y puerro.

85. d) Un tubérculo.

86. a) Aceites y grasas.

87. c) Frutas carnosas.

88. c) Todo producto que, sin fines engañosos o fraudulentos, pretenda sustituir en todo o en parte a un alimento.

89. a) Eliminación de agua.

90. b) Sí, en una proporción inferior al 10 % en peso.

91. c) 63 – 73 g.

92. a) Legumbre verde.

93. d) Es el producto obtenido por la cocción reiterada de los frutos en jarabes.

94. b) La leche de vaca.

95. c) Es la leche natural sometida a un proceso tecnológico autorizado.

96. d) Todas las anteriores.

97. b) Un 50 % en peso de grasa.

98. d) Todos los anteriores.

99. d) Todas las anteriores.

100. c) Manteca de coco.

101. b) Es la grasa que recubre los riñones del cerdo, mesenterios y epiplones, extraída directamente del animal.

102. b) En su elaboración se permite la adición de sal.

103. a) Sustancias que se añaden a los alimentos, de manera intencionada, con el objetivo de modificar o mejorar sus cualidades.

104. b) Alimentos conservados.

105. c) Productos limpios y envasados.

106. a) Escandallo.

107. d) Todas son correctas.

108. c) Cuarta gama.

109. a) Primera gama.

110. a) Branquias de color vivo, sin mucosidad.

111. d) Todas las respuestas son incorrectas.

112. d) Las respuestas a) y b) son correctas.

113. b) Cáscara del grano de cereal desmenuzada por la molienda.

114. b) Una legumbre.

115. d) Todas son correctas.

116. a) Preserva la calidad nutricional.

117. b) Son derivados de la leche.

118. c) Colorante.

119. a) Aceite de oliva virgen extra.

120. a) A dados.

121. c) Altramuz.

122. b) Patatas.

123. d) Ninguno de los anteriores.

124. a) Vitaminas y sales minerales.

125. c) Proteínas.

126. d) Todos.

127. d) Todos.

128. a) Reserva energética.

129. a) A.

130. c) Raquitismo.

Términos culinarios. Técnicas básicas de cocinado: descripción, análisis, clasificación y aplicaciones. Fondos de cocina básicos y complementarios. Salsas básicas y derivadas
Preparación de pescados y carnes

1. ¿Cuál no es una ventaja de la cadena fría refrigerada?

a) Se optimiza el aprovechamiento de los medios humanos y técnicos.
b) Se elaboran los menús con antelación.
c) Se alarga la vida media de los alimentos de forma considerable, incluso hasta meses.
d) Todas son correctas.

2. En el sistema de producción en cadena fría refrigerada, ¿qué ocurre si un alimento refrigerado supera los 10 ºC?

a) Se consumirá en un plazo máximo de 12 horas.
b) Se consumirá en un plazo máximo de 24 horas.
c) Se podrá refrigerar nuevamente hasta el momento de su consumo en un plazo máximo de 5 días.
d) Se desechará.

3. ¿En qué consiste el sistema de producción en cadena caliente?

a) Poner el alimento en temperatura adecuada justo antes de su consumo.
b) Elaborar los platos en el momento en que van a ser consumidos.
c) Elaborar platos calientes y conservarlos en refrigeración hasta su consumo.
d) Todas las respuestas son correctas.

4. ¿Qué temperatura debe alcanzar el centro de un alimento para asegurar su cocción completa?

a) 50 ºC.
b) 10 ºC.

c) 70 ºC.
d) 100 ºC.

5. ¿A qué temperatura se deben mantener los alimentos refrigerados?

a) Entre 0 y 3 ºC.
b) –18 ºC.
c) Entre 65 y 70 ºC.
d) Ninguna respuesta es correcta.

6. ¿Qué ventajas tiene la cadena fría refrigerada?

a) Al producirse con antelación, se pueden llevar a cabo programas de control de calidad.
b) Se optimiza la utilización de los recursos.
c) La regeneración es más rápida que la descongelación.
d) Todas las respuestas son correctas.

7. Rebozar consiste en:

a) Cubrir un género de una ligera capa de harina y otra posteriormente de huevo batido, antes de freírlo.
b) Quitar la cáscara superficial de ciertos alimentos.
c) Desmenuzar un género por medio de la máquina ralladora o rallador manual.
d) Ninguna de las anteriores respuestas es correcta.

8. ¿Con qué término italiano se designa la textura de la pasta cocida cuando presenta firmeza al ser mordida, no muy blanda por fuera y poco hecha en su interior?

a) Risotto.
b) Al dente.
c) Carpaccio.
d) Todas son correctas.

9. Añadir un líquido (agua, vino, vinagre) al utensilio donde se ha elaborado un ave, un pescado o una carne, para recuperar la grasa o jugos depositados y caramelizados, se denomina:

a) Caramelizar.
b) Sazonar.
c) Desglasar.
d) Abrasar.

10. ¿Cuál de los siguientes términos es sinónimo de tostar?

a) Rustir.
b) Soflar.

c) Sufratar.
d) Ninguno de las anteriores.

11. El fricasé es:

a) Hielo al que se ha golpeado para picarlo. Bebida que se enfría en hielo picado. Acción de incorporar hielo picado.
b) Surtido de fritos; también puede estar compuesto por una sola especie, como es el caso de la fritada de pimientos que, como dice la palabra, sólo contiene pimientos. A la fritada de verduras se le conoce como pisto o ratatuille.
c) Generalmente carne cortada en pequeños filetitos para una elaboración posterior. Setas cortadas a tiras.
d) Producto comestible natural, que generalmente se consume sin ningún tipo de elaboración.

12. ¿Cómo se denomina gallina alimentada especialmente para el engorde, cuya edad para el sacrificio no ha de ser superior a 8 meses?

a) Pularda.
b) Popietas.
c) Purrusalda.
d) Pipirrana.

13. La técnica de cocinado que se realiza en gran cantidad de grasa a fuego lento sin que esta llegue a ebullición, se denomina:

a) Escalfar.
b) Pochar.
c) Bresear.
d) Confitar.

14. ¿Qué es una fumet?

a) Un caldo de verduras.
b) Un fondo.
c) Un caldo concentrado de pescado.
d) Las respuestas b) y c) son correctas.

15. ¿De dónde se obtiene la tapioca?

a) De la mandioca.
b) De la harina.
c) De la tapioca.
d) Del arroz.

16. ¿Qué tipo de fondo es el que se obtiene por cocción de carne y huesos de ternera o ave normalmente, junto con hortalizas para condimentar, utilizándose para mojar carne guisada o arroz, así como para elaborar sopas, salsas, o cremas?

a) Fondo negro.
b) Fondo blanco.
c) Fondo gris.
d) Fumet.

17. ¿Cómo se denomina la harina que se obtiene de la mandioca (*Manihot esculenta*)?

a) Arruruz.
b) Fécula.
c) Tapioca.
d) Roux.

18. Al caldo aromatizado que se prepara generalmente con las espinas del pescado blanco se denomina:

a) Caldo blanco.
b) Caldo corlo.
c) Caldo blanco corto.
d) Fume.

19. ¿Para qué sirve un roux?

a) Ligar salsas.
b) Mojar pescado.
c) Conservar alimentos.
d) Escaldar verduras.

20. Reducir una salsa consiste en:

a) Agregar nata a una salsa.
b) Incorporar yemas de huevo a una salsa.
c) Cubrir un alimento con una salsa.
d) Dejar hervir una salsa para hacerla más concentrada.

21. Dentro de que elaboración básica se encuentran los caldos:

a) Salsas.
b) Consomé.
c) Fondos.
d) Potajes.

22. ¿Cuál de las siguientes elaboraciones se obtiene a partir de un fondo blanco?

a) Consomé clarificado.
b) Glacé.
c) Arrurruz.
d) Todas son correctas.

23. ¿Cuántos gramos de harina lleva un roux claro?

a) 50 g.
b) 100 g.
c) 150 g.
d) 200 g.

24. ¿Cuál de los siguientes alimento se utiliza como ligazón de una velouté?

a) Clara.
b) Yema.
c) Nata.
d) Las opciones b) y c) son correctas.

25. ¿Cuál de las siguientes es una salsa caliente?

a) Genovesa.
b) Demi-Glace.
c) Jugo Ligado.
d) Todas son correctas.

26. ¿Cuál de las siguientes es una salsa semicaliente?

a) Holandesa.
b) Mojo.
c) Glacé.
d) Bechamel.

27. ¿Cuál de las siguientes es una salsa fría?

a) Holandesa.
b) Mojo.
c) Glacé.
d) Bechamel.

28. La salsa Foyot (señala la correcta):

a) Es una variación de la salsa mayonesa clásica hecha al agregar glaseado de pesacado.
b) Es una variación de la salsa bechamel clásica hecha al agregar caldo de carne.

c) Es una variación de la salsa béarnaise clásica hecha al agregar glaseado de carne.
d) Todas son falsas.

29. ¿Cuál de las siguientes salsas se elabora a partir del jugo de un asado?

a) Bechamel.
b) Española.
c) Tomate.
d) Genovesa.

30. ¿Cuántos gramos de harina se necesitan para elaborar una bechamel fluida?

a) 30 gramos de harina.
b) 60 gramos de harina.
c) 80 gramos de harina.
d) 150 gramos de harina.

31. ¿Cuántos gramos de harina se necesitan para elaborar una bechamel consistente?

a) 80 gramos de harina.
b) 95 gramos de harina.
c) 175 gramos de harina.
d) 250 gramos de harina.

32. ¿Cuál es el principal ingrediente de la salsa Demi-Glace?

a) Raspa y cabezas de pescados.
b) Huesos de vacuno y despojos.
c) Huevo.
d) Leche.

33. ¿Cuál de las siguientes salsas lleva yema de huevo en su elaboración?

a) Concassé.
b) Genovesa.
c) Holandesa.
d) Bechamel.

34. ¿Cuál de las siguientes salsas es muy empleada en parrilladas?

a) Alioli.
b) Tomate.
c) Holandesa.
d) Bearnesa.

35. ¿Cuál de las siguientes salsas lleva ajo en su elaboración?

a) Alioli.
b) Tomate.
c) Holandesa.
d) Rouefort.

36. ¿Dónde haría la incisión en el pescado para eviscerar?

a) En la parte inferior.
b) En la parte superior.
c) En la parte dorsal.
d) En la parte posterior.

37. ¿Qué es el medallón?

a) Un corte de pescado.
b) Un corte de verdura.
c) Un corte de carne.
d) Un corte de aves.

38. ¿Cómo se logra que los moluscos suelten la arena de su interior?

a) Con agua caliente.
b) Cubriendo de sal.
c) Con agua fría y sal.
d) Manualmente.

39. ¿Cuándo se considera que un pescado es fresco?

a) Cuando ha sufrido operaciones de conservación tras su captura.
b) Cuando ha sido conservado a bordo de los pesqueros en salmuera refrigerada.
c) Cuando ha sido congelado.
d) En todos estos casos.

40. ¿Cuál de estos signos indica pescado no fresco?

a) Carne flácida.
b) Ojos brillantes.
c) Color y olor normal.
d) Todas las respuestas son correctas.

41. ¿Qué es cierto sobre el mantenimiento del pescado fresco?

a) Los recipientes tendrán orificios en la base para la salida del agua resultante del hielo al derretirse.
b) Se mantendrá por debajo de los 0 ºC.

c) Se apilarán todas las cajas.
d) Todas las respuestas son correctas.

42. ¿Cómo se conserva el pescado salado?

a) Por acción prolongada de la sal común en forma sólida.
b) Por acción de sal en forma de salmuera.
c) Por acción del humo.
d) Son correctas las respuestas a) y b).

43. ¿Qué tareas previas al ahumado del pescado se deben realizar?

a) Eviscerado.
b) Acción de salmuera.
c) Desecación.
d) Todas las anteriores.

44. ¿Qué afirmación es cierta?

a) El pescado tiene un contenido proteico similar a la carne.
b) Las proteínas del pescado tienen menor valor biológico que las de la carne.
c) En pescado y marisco hay una cantidad relevante de hidratos de carbono.
d) Todas las respuestas anteriores son ciertas.

45. ¿Qué es el omega 3?

a) Ácido graso que no aporta el pescado.
b) Sustancia con efectos beneficiosos para la salud actuando como preventivo de las enfermedades cardiovasculares y sus factores de riesgo asociado.
c) Una vitamina.
d) Todas las respuestas son correctas.

46. ¿Cuál de los siguientes es un molusco?

a) Caracol.
b) Sepia.
c) Langosta.
d) Cachalote.

47. ¿En qué época se puede encontrar y consumir la carpa?

a) Primavera.
b) Verano.
c) Otoño e invierno.
d) Durante todo el año.

48. ¿Qué factor aumenta el aprovechamiento del pescado?

a) Mala manipulación.
b) Técnicas adecuadas.
c) Cocción excesiva.
d) Todas las respuestas son ciertas.

49. ¿En qué líquido se hierve el pescado al natural?

a) En agua sola.
b) En aceite.
c) En agua con limón y sal.
d) En fumet concentrado.

50. ¿Cómo se ahúma el pescado?

a) En frío.
b) En caliente.
c) En frío o en caliente.
d) A la sal.

51. ¿Qué color tiene el cabracho?

a) Rojo cobrizo.
b) Azul verdoso.
c) Plateado.
d) Blanco rayado.

52. ¿Qué característica tiene el rape?

a) Se comercializa en fresco, sin cabeza por su gran peso relativo.
b) Se comercializa en rodajas congeladas.
c) La parte más apreciada es la cabeza.
d) Ninguna respuesta es correcta.

53. ¿Qué aves son de categoría A?

a) Las que presentan algunos golpes.
b) Las que tienen rotura de piel.
c) Las que no tienen golpes ni roturas.
d) Las que tienen daños externos graves.

54. ¿Qué son derivados cárnicos?

a) Productos alimenticios preparados totalmente con carne.
b) Productos alimenticios preparados totalmente con despojos.

c) Productos alimenticios preparados parcialmente con carnes y despojos.
d) Todas las respuestas son correctas.

55. ¿Qué es el chorizo?

a) Embutido de vísceras.
b) Embutido de sangre.
c) Embutido de carne.
d) Fiambre.

56. ¿Cuáles son las hembras de ave adultas dedicadas a la reproducción?

a) Gallina.
b) Pularda.
c) Perdiz.
d) Pollo.

57. ¿Cuál de las siguientes afirmaciones es verdadera?

a) Las carnes son ricas en proteínas de bajo valor biológico, ya que su contenido en aminoácidos esenciales no es bueno.
b) En el tejido conjuntivo es rico en todos los aminoácidos esenciales.
c) Las grasas de las carnes son ricas en ácidos grasos saturados y colesterol.
d) Se consideran carnes grasas las de pollo, pavo y conejo.

58. ¿Cómo se lavará la carne?

a) Bajo el chorro de agua cuando está troceada.
b) Con agua potable.
c) Solo cuando la canal está entera.
d) No se lavará la carne.

59. ¿Qué es la aleta?

a) Carne que está sobre las costillas.
b) Parte inferior de la pierna.
c) Parte situada sobre el esternón y parte de las costillas.
d) El cuello del animal.

60. ¿Cómo se denomina la parte del vacuno situada por encima de las costillas, que está más cercana al cuarto delantero?

a) Lomo alto.
b) Lomo bajo.
c) Solomillo.
d) Contra.

61. ¿Cuál es la carne con grasa de la parte ventral del cerdo?

a) Codillo.
b) Jamón.
c) Aguja.
d) Panceta.

62. ¿Cuál de los siguientes se denomina escalope?

a) Filete fino de tamaño pequeño, que se sirve salteado o breseado si se obtiene de piezas duras como redondo o contra.
b) Fracción de unos 125 gramos, que se puede obtener de distintas piezas.
c) Filete no muy grueso que se empana y fríe.
d) Porción gruesa que se obtiene del morcillo.

63. En el despiece del cerdo ibérico, ¿de dónde se saca la "presa"?

a) De la porción anterior al lomo.
b) De la porción adosada a la escápula.
c) De la parte final o posterior del lomo.
d) Del extremo superior de la falda, próximo al cabecero.

64. ¿A qué se debe la diferencia de color entre las carnes blancas y rojas?

a) A la presencia de un pigmento (mioglobina) que transporta oxígeno en la sangre, y que da la tonalidad oscura en las carnes rojas.
b) A la ausencia de un pigmento (hemoglobina) que transporta oxígeno a la sangre, y que da la tonalidad en las carnes rojas.
c) A la presencia de colorantes industriales.
d) A la presencia de pigmentos vegetales que provienen de la alimentación del animal.

65. ¿Cuál de las siguientes carnes tienen mayor factor comestible?

a) Bistec de buey.
b) Lomo de cerdo.
c) Gallina.
d) Pierna de cordero.

Solución al test n.º 7

1. c) Se alarga la vida media de los alimentos de forma considerable, incluso hasta meses.

2. d) Se desechará.

3. b) Elaborar los platos en el momento en que van a ser consumidos.

4. c) 70 ºC.

5. a) Entre 0 y 3 ºC.

6. d) Todas las respuestas son correctas.

7. a) Cubrir un género de una ligera capa de harina y otra posteriormente de huevo batido, antes de freírlo.

8. b) Al dente.

9. c) Desglasar.

10. a) Rustir.

11. c) Generalmente carne cortada en pequeños filetitos para una elaboración posterior. Setas cortadas a tiras.

12. a) Pularda.

13. d) Confitar.

14. d) Las respuestas b) y c) son correctas.

15. a) De la mandioca.

16. b) Fondo blanco.

17. c) Tapioca.

18. d) Fume.

19. a) Ligar salsas.

20. d) Dejar hervir una salsa para hacerla más concentrada.

21. c) Fondos.

22. a) Consomé clarificado.

23. b) 100 g.

24. d) Las opciones b) y c) son correctas.

25. d) Todas son correctas.

26. a) Holandesa.

27. b) Mojo.

28. c) Es una variación de la salsa Béarnaise clásica hecha al agregar glaseado de carne.

29. b) Española.

30. b) 60 gramos de harina.

31. c) 175 gramos de harina.

32. b) Huesos de vacuno y despojos.

33. c) Holandesa.

34. d) Bearnesa.

35. a) Alioli.

36. a) En la parte inferior.

37. a) Un corte de pescado.

38. c) Con agua fría y sal.

39. b) Cuando ha sido conservado a bordo de los pesqueros en salmuera refrigerada.

40. a) Carne flácida.

41. a) Los recipientes tendrán orificios en la base para la salida del agua resultante del hielo al derretirse.

42. d) Son correctas las respuestas a) y b).

43. d) Todas las anteriores.

44. a) El pescado tiene un contenido proteico similar a la carne.

45. b) Sustancia con efectos beneficiosos para la salud actuando como preventivo de las enfermedades cardiovasculares y sus factores de riesgo asociado.

46. a) Caracol.

47. d) Durante todo el año.

48. b) Técnicas adecuadas.

49. c) En agua con limón y sal.

50. c) En frío o en caliente.

51. a) Rojo cobrizo.

52. a) Se comercializa en fresco, sin cabeza por su gran peso relativo.

53. c) Las que no tienen golpes ni roturas.

54. d) Todas las respuestas son correctas.

55. c) Embutido de carne.

56. a) Gallina.

57. c) Las grasas de las carnes son ricas en ácidos grasos saturados y colesterol.

58. b) Con agua potable.

59. c) Parte situada sobre el esternón y parte de las costillas.

60. a) Lomo alto.

61. d) Panceta.

62. c) Filete no muy grueso que se empana y fríe.

63. b) De la porción adosada a la escápula.

64. a) A la presencia de un pigmento (mioglobina) que transporta oxígeno en la sangre, y que da la tonalidad oscura en las carnes rojas.

65. b) Lomo de cerdo.

TEST N.º 8

**Mantenimiento y limpieza de cocina. Suelos y paredes.
Mobiliario e instalaciones. Maquinaria y elementos auxiliares.
Menaje, vajillas y enseres. Limpieza de despensas y cámaras
frigoríficas**

1. ¿Cuál es la última fase que se realiza en los procedimientos de limpieza y desinfección independientes?

a) Enjuague intermedio.
b) Lavado
c) Limpieza.
d) Enjuague final.

2. ¿En qué fase de las que se realizan en los procedimientos de limpieza y desinfección independientes, se eliminará la mezcla compuesta por restos de detergente, suciedad disuelta y en suspensión y suciedad ligada dentro de las grietas y poros de la superficie, mediante la aplicación de agua caliente?

a) Enjuague intermedio.
b) Lavado
c) Limpieza.
d) Enjuague final.

3. ¿Qué es incorrecto del prelavado en los procedimientos de limpieza y desinfección combinadas?

a) Se aplicará generalmente agua caliente para realizar un pre enjuague.
b) Se tendrá que barrer en húmedo, y recoger los restos más groseros.
c) Se debe despejar al máximo la zona a limpiar, ordenar los utensilios y desmontar los equipos que lo permitan.
d) El prelavado es diferente al de los procedimientos de limpieza y desinfección independientes.

4. ¿Qué elementos se aplicarán conjuntamente en la fase de limpieza y desinfección en los procedimientos de limpieza y desinfección combinadas?

a) Agua caliente y solución detergente.
b) Solución detergente y solución desinfectante.
c) Agua caliente y solución desinfectante.
d) Detergentes alcalinos y detergentes ácidos a baja concentración.

5. ¿Cómo se debe de aplicar la solución conjunta detergente–desinfectante en la fase de limpieza y desinfección en los procedimientos de limpieza y desinfección combinadas? En forma de...

a) Espuma.
b) Gel.
c) Aceite.
d) Resina.

6. ¿Qué se utilizará en la limpieza y desinfección combinada?

a) Primero la acción detergente y posteriormente a parte la acción desinfectante.
b) Sólo la acción desinfectante.
c) Se emplearán conjuntamente la acción detergente y la acción desinfectante.
d) Sólo la acción detergente.

7. ¿Qué útiles de cocina de estos, se limpiarán en lavavajillas automáticos?

a) La cubertería.
b) La vajilla.
c) La cristalería.
d) Todo lo anterior es cierto.

8. ¿A qué temperatura se aplicará al agua para limpiar en lavavajillas automáticos los útiles de cocina que lo requieran? Temperatura superior a:

a) 30ºC.
b) 50ºC.
c) 80ºC.
d) 130ºC.

9. La lejía es un desinfectante que tiene como componente activo:

a) Alcohol etílico.
b) Agua.
c) Hipoclorito sódico.
d) Ácido peracético.

10. En los métodos manuales de limpieza se empleará:

a) Exclusivamente las manos, mediante acción mecánica.
b) Exclusivamente la acción mecánica de limpieza con el cepillo.
c) Las manos, mediante acción mecánica; y a veces máquinas lavadoras.
d) La acción mecánica de limpieza con las manos, el cepillo u otro útil al efecto.

11. ¿Cuál de los siguientes materiales no es lavable?

a) Mármol.
b) Vidrio.
c) Madera de cerezo.
d) Todas son lavables.

12. ¿Qué mobiliario es no lavable?

a) Cristales.
b) Mármoles
c) Granitos.
d) Maderas exóticas.

13. ¿Qué madera de estas es exótica?

a) Pino.
b) Roble.
c) Teka.
d) Cerezo.

14. ¿Cuál de las siguientes sustancias tiene poder desinfectante?

a) Aceite.
b) Agua.
c) Hipoclorito sódico.
d) Ácido sódico.

15. Para la limpieza del mobiliario lavable se utilizará:

a) Solución limpiadora y bayeta.
b) Producto capta polvo y bayeta.
c) Guantes y producto capta polvo.
d) Agua, detergente neutro y bayeta (a veces estropajo).

16. ¿Cuántas veces se debe aclarar la bayeta para la limpieza del mobiliario lavable? Se deberá aclarar:

a) Una vez.
b) Dos veces.
c) Tres veces.
d) Cuantas veces sea preciso.

17. ¿Qué se empleará para la limpieza del mobiliario no lavable?

a) Solución limpiadora y bayeta.
b) Producto capta polvo y bayeta impregnada del anterior producto.
c) Guantes, agua y detergente alcalino muy concentrado.
d) Agua, detergente ácido muy diluido y estropajo.

18. ¿Cuántas bayetas se requieren dentro del material necesario para la limpieza del mobiliario lavable y no lavable?

a) 1.
b) 2.
c) 3.
d) 10.

19. ¿Cómo se quita el polvo de los muebles?

a) Se empieza por los muebles más bajo, y se trabaja de arriba abajo.
b) Se empieza por los muebles más altos, y se trabaja de arriba abajo.
c) Se empieza por los muebles más altos, y se trabaja de abajo arriba.
d) Se empieza por los muebles más bajo, y se trabaja de abajo arriba.

20. ¿Cómo se moverán los objetos según su peso para facilitar la limpieza?

a) Los objetos pesados y que no rayen se levantarán y se dejarán nuevamente en su sitio y los ligeros se moverán deslizándolos una vez que se haya limpiado.
b) Los objetos pesados y que no rayen se moverán deslizándolos, los ligeros se levantarán y se dejarán nuevamente en su sitio una vez que se haya limpiado.
c) Los objetos pesados y que no rayen se desplazarán mediante carretilla y los ligeros se moverán deslizándolos, y se dejarán nuevamente en su sitio una vez que se haya limpiado.
d) Nada de lo anterior es cierto.

21. ¿Qué materiales se evitarán de emplear en los equipos y los utensilios empleados en la manipulación de alimentos?

a) Materiales inalterables.
b) De acero inoxidable.
c) De madera.
d) Resistentes a la corrosión y no tóxicos.

22. ¿Qué afirmación es incorrecta sobre los equipos y utensilios empleados en la manipulación de alimentos?

a) Las zonas de manipulación de alimentos dispondrán de accionamiento no manual, dotados de agua fría y caliente, dosificador de jabón líquido y bactericida y toallas de un solo uso.
b) Se recomienda as máquinas de secado por aire en las cocinas, por su eficacia y no generar riesgos.

c) La maquinaria auxiliar debe ser desmontable y de superficie lisa para facilitar su limpieza.
d) Los materiales de los fregaderos deben ser resistentes e inalterables.

23. ¿Qué característica no tendrán los equipos y utensilios que entren en contacto con los productos alimenticios? Los equipos no serán:

a) Resistentes a golpes, cortes, descomposiciones, etc.
b) De tipo inoxidables.
c) Absorbentes (podrá usarse madera o mármol).
d) Capaces de soportar usos repetidos y lavados frecuentes sin pérdida de sus características originales.

24. Mientras las bandeja pasan por el tren de lavado, los carros se someterán a un proceso de:

a) Prelavado.
b) Limpieza manual con detergente.
c) Desinfección química.
d) Limpieza automatizada con detergente.

25. ¿Qué temperatura tendrá como mínimo el aclarado con agua caliente en el lavado de la cubertería? Tendrá al menos una temperatura de:

a) 60ºC.
b) 70ºC.
c) 80ºC.
d) 100ºC.

26. ¿Qué elemento en el lavavajilla se emplea para que funcione óptimamente el sistema de descalcificación del agua?

a) Detergente.
b) Abrillantador.
c) Agua caliente.
d) Sal.

27. Un agente tensioactivo puede ser:

a) Iónico, no iónico o anfótero.
b) Iónico, anfótero o no anfótero.
c) Ionizado, no ionizado o anfótero.
d) Ionizado, anfótero o no anfótero.

28. ¿Qué contendrán las pilas para el fregado a mano de utensilios de cocina?

a) Una con solo agua y la otra con desinfectante.
b) Una con agua y desinfectante y la otra libre para el aclarado con agua.

c) Una con desinfectante y detergente, y la otra libre para el aclarado con agua.
d) Una con agua y detergente, y la otra libre para el aclarado con agua.

29. ¿A qué temperatura se recomienda el aclarado con agua caliente en la pila de aclarado cuando se friegan a mano de utensilios de cocina?

a) 45ºC.
b) 65ºC.
c) 80ºC.
d) No se aclara con agua caliente.

30. ¿Cada cuánto se renovará el agua de las pilas en el fregado a mano de utensilios de cocina?

a) Cada dos lavados.
b) Tras cada lavado.
c) Cada tres lavados.
d) Al día siguiente.

31. ¿A qué se denomina también en cocina "timbres"?

a) Al silbato del Jefe de cocina.
b) A los lavavajillas.
c) A los armarios frigoríficos.
d) A las cámaras frigoríficas.

32. La limpieza de las cámaras frigoríficas ha de ser:

a) Diarias y una sola vez.
b) Diarias y tantas veces como sea necesario.
c) Cada tres días al menos.
d) Una vez a la semana es suficiente.

33. ¿Cómo se limpia la picadora de hielo?

a) Secado y abrillantado.
b) Gasa húmeda con detergente neutro, secado y abrillantado.
c) Gasa húmeda con detergente desinfectante, secado y abrillantado.
d) Gasa húmeda con detergente fuertemente ácido, secado y abrillantado.

34. ¿Cada cuánto debe limpiarse la batidora y la trituradora?

a) Al final de la jornada.
b) Cada dos días.
c) Cada semana.
d) Cada vez que haya sido utilizada.

35. ¿Qué maquinaria o aparato de cocina requiere una limpieza frecuente?

a) Cafetera.
b) Termo.
c) Plancha.
d) Picadora de hielo.

36. ¿Cada cuánto debe limpiarse el molinillo dosificador de café?

a) Todos los días.
b) Cada dos días.
c) Cada semana.
d) Cada vez que haya sido utilizado.

37. Todo lo que se expone respecto a la limpieza del termo para la leche es cierto, excepto:

a) La costra o corteza de leche seca, que se ha formado dentro del recipiente producto de su permanencia durante tantas horas, debe ser eliminada.
b) Para eliminar la costra o corteza de leche seca, nos ayudamos de un objeto punzante y para facilitar que salga mejor, se recomienda conectarlo para calentar agua y disuelva los restos.
c) Al finalizar la jornada se saca toda la leche en una jarra y se mete en la cámara frigorífica.
d) El grifo del termo debe ser desmontado y fregado meticulosamente, ya que también en él se forma la costra resultado de la leche reseca.

38. ¿Cómo se limpiará la mesa de trabajo?

a) Fregado con agua jabonosa y secado.
b) Fregado con agua con detergente ácido y enjuagado con agua limpia.
c) Fregado con agua con detergente fuertemente alcalino y enjuagado con agua limpia.
d) Fregado con agua jabonosa, enjuagado con agua limpia y bactericida, y finalmente secado.

39. ¿Qué es incorrecto en la limpieza de marmitas y rustideras fijas?

a) Deben quedar una vez limpios en perfecto estado para su próxima utilización.
b) No requiere de un secado posterior a su enjuague de limpieza.
c) Deben ser fregados y limpiados cada vez que se han utilizado.
d) Para su limpieza usar agua con detergente antigrasa, con abundante agua clara para el enjuague.

40. Los filtros de las campanas extractoras deben de limpiarse al menos:

a) 2 veces al día.
b) 1 vez al día.
c) 1 vez a la semana o antes.
d) 1 vez al mes o antes.

41. Los fregaderos de cocina se llaman también:

a) Fiedel.
b) Timbres.
c) Plonge.
d) Biscuit.

42. ¿Dónde se efectúa la limpieza de todo el menaje de cocina: ollas, marmitas, rustideras, paelleras, sartenes, utensilios de cocina, etc.?

a) Tren de lavado.
b) Lavavajillas.
c) Plonge.
d) En todo lo anterior.

43. El jabón de lavar es el producto que se destina al lavado de ropa u objetos diversos y se obtiene de la reacción de los ácidos de un aceite u otro cuerpo graso con un:

a) Alcohol.
b) Desinfectante.
c) Ácido.
d) Álcali.

44. ¿Cuál es el producto de limpieza considerado básico?

a) El agua.
b) El desinfectante.
c) El detergente.
d) La mezcla de detergente y agua.

45. ¿Qué suciedad por depósito e impurezas puede ocasionar en determinadas ocasiones el agua de grifo?

a) Ninguna, ya que es potable.
b) Ninguna, ya que incluso tiene acción antiséptica por el cloro diluido por su potabilización previa.
c) Suciedad por dureza del agua en sales.
d) Suciedad por acidez del agua.

46. ¿Qué elemento esencial constituirá la limpieza en los procedimientos de limpieza y desinfección independientes?

a) Agua caliente.
b) Solución detergente.

c) Ordenamiento de utensilios.
d) Barrer en húmedo.

47. ¿Qué desinfectantes no deben de emplearse en pediatría?

a) Tipo polvo clorado.
b) Tipo lejía.
c) Fenólicos.
d) Tipo alcohol 70 %.

48. ¿Cuál de estas sustancias es un detergente?

a) Los polisorbatos.
b) Alcohol 70 %.
c) Lejía.
d) Complejos trialdehídicos.

49. ¿En qué normativa se aprueba la Reglamentación técnico-sanitaria para la elaboración, circulación y comercio de detergentes y limpiadores?

a) Ley 17/2011.
b) Real Decreto 770/1999.
c) Ley 25/2009.
d) Real Decreto 202/2000.

50. ¿Qué producto es aquel cuya finalidad principal es la limpieza y mantenimiento de objetos y superficies tales como suelos, maderas, plásticos, azulejos, cristales…?

a) Detergente.
b) Desinfectante.
c) Limpiador.
d) Coadyuvante.

51. ¿Qué propiedad del detergente se da cuando se rompe la suciedad compacta, dispersando las partículas finas que componían esa mancha?

a) Poder humectante.
b) Dispersión.
c) Emulsión.
d) Brillo.

52. ¿Cuál es el principal componente de los detergentes?

a) Coadyuvantes.
b) Reforzantes.

c) Tensioactivos.
d) Aditivos.

53. ¿Qué sustancia son componentes complementarios de un detergente o de un limpiador, que aportan propiedades particulares a las de los componentes fundamentales en la acción específica de la limpieza?

a) Aditivos.
b) Coadyuvante.
c) Refonzantes.
d) Cargas.

54. ¿En qué tipo de productos incluirías los suavizantes según la clasificación del anexo I del RD 770/1999, de detergentes y limpiadores?

a) Productos para el lavado de vajillas.
b) Productos para el lavado de ropa.
c) Productos de mantenimiento y limpieza.
d) Productos para limpieza de la industria alimentaria.

55. ¿En qué tipo de productos incluirías las ceras y limpiadores para muebles y madera según la clasificación del anexo I del RD 770/1999, de detergentes y limpiadores?

a) Productos para el lavado de vajillas.
b) Productos para el lavado de ropa.
c) Productos de mantenimiento y limpieza.
d) Productos para limpieza de la industria alimentaria.

56. ¿En qué tipo de productos incluirías los abrillantadores y las sales, según la clasificación del anexo I del RD 770/1999, de detergentes y limpiadores?

a) Productos para el lavado de vajillas.
b) Productos para el lavado de ropa.
c) Jabones de lavar.
d) Productos para limpieza de la industria alimentaria.

57. Según la clasificación del anexo I del RD 770/1999, de detergentes y limpiadores, son productos de mantenimiento y limpieza:

a) Limpiacristales.
b) Limpiadores para sanitarios.
c) Ceras y limpiadores para muebles y maderas.
d) Todos los anteriores.

58. ¿A qué grupo de sustancias detergentes pertenece el laurilsulfato sódico?

a) Detergente aniónico.
b) Detergente no iónico.

c) Detergente catiónico.
d) Detergente anfótero.

59. ¿Cómo se denomina el producto cuya finalidad principal es la limpieza y mantenimiento de objetos y superficies tales como suelos, maderas, plásticos, azulejos, cristales, sanitarios, metales, tejidos o cueros (Real Decreto 770/1999)?

a) Detergente.
b) Jabón.
c) Desinfectante.
d) Limpiador.

60. ¿Qué pH tendrá un detergente ácido?

a) 10.
b) 8.
c) 7.
d) 4.

61. ¿Cómo se denomina la capacidad de emulsionar la suciedad de un detergente?

a) Poder humectante.
b) Dispersión.
c) Suspensión.
d) Brillo.

62. ¿Qué detergentes eliminan la suciedad mineral, es decir, sarro, cemento, óxido, etc…?

a) Alcalinos.
b) Ácidos.
c) Neutros.
d) Básicos.

63. ¿Cuál es el principal componente de los detergentes?

a) Coadyuvantes.
b) Reforzantes.
c) Tensioactivos.
d) Aditivos.

Solución al test n.º 8

1. d) Enjuague final.

2. a) Enjuague intermedio.

3. d) El prelavado es diferente al de los procedimientos de limpieza y desinfección independientes.

4. b) Solución detergente y solución desinfectante.

5. a) Espuma.

6. c) Se emplearán conjuntamente la acción detergente y la acción desinfectante.

7. d) Todo lo anterior es cierto.

8. c) 80ºC.

9. c) Hipoclorito sódico.

10. d) La acción mecánica de limpieza con las manos, el cepillo u otro útil al efecto.

11. c) Madera de cerezo.

12. d) Maderas exóticas.

13. c) Teka.

14. c) Hipoclorito sódico.

15. d) Agua, detergente neutro y bayeta (a veces estropajo).

16. d) Cuantas veces sea preciso.

17. b) Producto capta polvo y bayeta impregnada del anterior producto.

18. c) 3.

19. b) Se empieza por los muebles más altos, y se trabaja de arriba abajo.

20. b) Los objetos pesados y que no rayen se moverán deslizándolos, los ligeros se levantarán y se dejarán nuevamente en su sitio una vez que se haya limpiado.

21. c) De madera.

22. b) Se recomienda as máquinas de secado por aire en las cocinas, por su eficacia y no generar riesgos.

23. c) Absorbentes (podrá usarse madera o mármol).

24. c) Desinfección química.

25. c) 80ºC.

26. d) Sal.

27. a) Iónico, no iónico o anfótero.

28. d) Una con agua y detergente, y la otra libre para el aclarado con agua.

29. c) 80ºC.

30. b) Tras cada lavado.

31. c) A los armarios frigoríficos.

32. b) Diarias y tantas veces como sea necesario.

33. a) Secado y abrillantado.

34. d) Cada vez que haya sido utilizada.

35. a) Cafetera.

36. a) Todos los días.

37. b) Para eliminar la costra o corteza de leche seca, nos ayudamos de un objeto punzante y para facilitar que salga mejor, se recomienda conectarlo para calentar agua y disuelva los restos.

38. d) Fregado con agua jabonosa, enjuagado con agua limpia y bactericida, y finalmente secado.

39. b) No requiere de un secado posterior a su enjuague de limpieza.

40. c) 1 vez a la semana o antes.

41. c) Plonge.

42. c) Plonge.

43. d) Álcali.

44. a) El agua.

45. c) Suciedad por dureza del agua en sales.

46. b) Solución detergente.

47. c) Fenólicos.

48. a) Los polisorbatos.

49. b) Real Decreto 770/1999.

50. c) Limpiador.

51. b) Dispersión.

52. c) Tensioactivos.

53. b) Coadyuvante.

54. b) Productos para el lavado de ropa.

55. c) Productos de mantenimiento y limpieza.

56. a) Productos para el lavado de vajillas.

57. d) Todos los anteriores.

58. a) Detergente aniónico.

59. d) Limpiador.

60. d) 4.

61. c) Suspensión.

62. b) Ácidos.

63. c) Tensioactivos.

Gestión y reciclaje de residuos en la cocina.
Sensibilización medioambiental

1. ¿Cuál es una de las principales causas de la contaminación del aire?

a) Producción de energía solar.
b) Actividades industriales.
c) Uso de energía eólica.
d) Plantación de árboles.

2. ¿Qué gas es responsable del efecto invernadero natural?

a) Ozono.
b) Dióxido de carbono.
c) Metano.
d) Oxígeno.

3. ¿Cuál de los siguientes es un contaminante biológico?

a) Metales pesados.
b) Radiación.
c) Bacterias.
d) Dióxido de carbono.

4. ¿Qué fenómeno está relacionado con el calentamiento global?

a) Desertización.
b) Aumento de la biodiversidad.
c) Disminución de la capa de ozono.
d) Incremento de lluvias suaves.

5. ¿Cuál es el principal problema asociado a los residuos orgánicos en cocina?

a) Ocupan mucho espacio.
b) Generan malos olores.
c) No se pueden reciclar.
d) Son difíciles de almacenar.

6. ¿Qué significa el término "compostaje"?

a) Transformación de residuos plásticos.
b) Procesamiento de metales.
c) Degradación biológica de residuos orgánicos para crear compost.
d) Quema de residuos para energía.

7. ¿Qué tipo de residuos se deben depositar en el contenedor amarillo?

a) Papel y cartón.
b) Envases de plástico y metal.
c) Vidrio.
d) Residuos orgánicos.

8. ¿Cuál es el principal objetivo del Plan Integral de Residuos de Castilla y León?

a) Promover la industrialización.
b) Gestionar y reducir los residuos generados en la comunidad.
c) Aumentar la producción de residuos.
d) Favorecer el uso de combustibles fósiles.

9. ¿Qué efecto tiene la lluvia ácida sobre los suelos?

a) Incrementa la fertilidad.
b) Acidifica el medio.
c) Mejora la estructura del suelo.
d) No tiene efectos relevantes.

10. ¿Qué parámetro indica el grado de acidez de las aguas?

a) Turbidez.
b) DBO.
c) pH.
d) Temperatura.

11. ¿Cuál de las siguientes es una fuente de contaminación acústica?

a) Lluvia intensa.
b) Tráfico y actividades industriales.
c) Fotosíntesis.
d) Producción de energía solar.

12. ¿Qué tipo de residuos se generan en los hospitales y requieren un tratamiento especial?

a) Residuos radiactivos.
b) Residuos urbanos.

c) Residuos sanitarios.
d) Residuos de construcción.

13. ¿Cuál es la función principal de los contenedores con tapa hermética en la cocina?

a) Facilitar el transporte de alimentos.
b) Evitar la propagación de enfermedades.
c) Mejorar la estética del lugar.
d) Almacenar productos de limpieza.

14. ¿Qué se debe hacer con los aceites y grasas usadas en la cocina?

a) Tirarlos por el desagüe.
b) Recogerlos en recipientes especiales para su posterior tratamiento.
c) Mezclarlos con residuos orgánicos.
d) Dejarlos enfriar y tirarlos a la basura común.

15. ¿Cuál es la principal característica de los residuos destructibles?

a) Pueden ser reciclados fácilmente.
b) Están destinados a su eliminación.
c) Son peligrosos para la salud.
d) Pueden ser utilizados como materia prima.

16. ¿Qué es un vertedero controlado?

a) Un lugar donde se eliminan residuos sin control.
b) Una instalación para la eliminación segura de residuos.
c) Un espacio público para tirar basura.
d) Un contenedor especial para reciclaje.

17. ¿Qué proceso se utiliza para tratar residuos orgánicos en ausencia de oxígeno?

a) Compostaje.
b) Biometanización.
c) Incineración.
d) Pirólisis.

18. ¿Qué tipo de contaminación produce la emisión de dióxido de azufre y óxidos de nitrógeno?

a) Contaminación lumínica.
b) Contaminación acústica.
c) Contaminación del suelo.
d) Lluvia ácida.

19. ¿Qué es la "contaminación lumínica"?

a) Exceso de luz artificial que afecta al medio ambiente.
b) Presencia de sustancias tóxicas en el agua.
c) Ruido excesivo en áreas urbanas.
d) Uso de energía solar para la iluminación.

20. ¿Cuál es una medida para prevenir la contaminación cruzada en la cocina?

a) Usar detergentes agresivos.
b) Separar los residuos orgánicos de los inorgánicos.
c) Mezclar diferentes tipos de alimentos.
d) Mantener todos los residuos en un mismo contenedor.

21. ¿Qué se debe hacer con los residuos sanitarios peligrosos en los hospitales?

a) Tirarlos en el contenedor amarillo.
b) Incinerarlos o gestionarlos en depósitos de seguridad.
c) Mezclarlos con residuos urbanos.
d) Dejar que se descompongan naturalmente.

22. ¿Qué contaminante es responsable de la destrucción de la capa de ozono?

a) Metano.
b) Clorofluorocarbonos (CFCs).
c) Dióxido de carbono.
d) Monóxido de carbono.

23. ¿Qué tipo de contenedor se utiliza para residuos orgánicos?

a) Contenedor azul.
b) Contenedor amarillo.
c) Contenedor verde.
d) Contenedor marrón.

24. ¿Cuál es el destino adecuado para los envases de plástico y metal en el sistema de gestión de residuos?

a) Contenedor marrón.
b) Contenedor amarillo.
c) Contenedor azul.
d) Contenedor gris.

25. ¿De qué año es la Ley de residuos y suelos contaminados para una economía circular?

a) 2011.
b) 2016.

c) 2020.
d) 2022.

26. ¿En qué caso es de aplicación la Ley 7/2022, de 8 de abril, de residuos y suelos contaminados para una economía circular?

a) Suelos contaminados.
b) Residuos radiactivos.
c) Los explosivos desclasificados.
d) Todas las respuestas son correctas.

27. ¿Qué ley deroga la Ley 7/2022, de 8 de abril, de residuos y suelos contamina-dos para una economía circular?

a) La Ley 37/2009, de 17 de enero, de residuos y suelos contaminados.
b) La Ley 33/2010, de 9 de abril, de residuos y suelos contaminados.
c) La Ley 5/2011, de 30 de septiembre, de residuos y suelos contaminados.
d) La Ley 22/2011, de 28 de julio, de residuos y suelos contaminados.

28. ¿Cuál es uno de los principales objetivos del Plan Integral de Residuos de Castilla y León?

a) Incrementar la producción de residuos industriales.
b) Promover la prevención en materia de residuos y su gestión sostenible.
c) Fomentar el uso de combustibles fósiles en la comunidad.
d) Reducir la colaboración entre los diferentes sectores involucrados en la gestión de residuos.

29. ¿Cuál es una medida recomendada para el manejo de residuos líquidos en la cocina?

a) Tirarlos directamente por el desagüe.
b) Recoger aceites y grasas en recipientes metálicos para su posterior incineración.
c) Mezclarlos con residuos orgánicos para facilitar su descomposición.
d) Guardarlos en bolsas de plástico y depositarlos en el contenedor amarillo.

30. ¿Qué característica deben tener los contenedores de residuos en la cocina para evitar la contaminación?

a) Deben ser abiertos para facilitar el acceso.
b) Deben ser de cierre hermético y fácil limpieza.
c) Deben estar ubicados en áreas de alto tráfico.
d) Deben estar fabricados con materiales biodegradables.

Solución al test n.º 9

1. b) Actividades industriales.

2. b) Dióxido de carbono.

3. c) Bacterias.

4. a) Desertización.

5. b) Generan malos olores.

6. c) Degradación biológica de residuos orgánicos para crear compost.

7. b) Envases de plástico y metal.

8. b) Gestionar y reducir los residuos generados en la comunidad.

9. b) Acidifica el medio.

10. c) pH.

11. b) Tráfico y actividades industriales.

12. c) Residuos sanitarios.

13. b) Evitar la propagación de enfermedades.

14. b) Recogerlos en recipientes especiales para su posterior tratamiento.

15. b) Están destinados a su eliminación.

16. b) Una instalación para la eliminación segura de residuos.

17. b) Biometanización.

18. d) Lluvia ácida.

19. a) Exceso de luz artificial que afecta al medio ambiente.

20. b) Separar los residuos orgánicos de los inorgánicos.

21. b) Incinerarlos o gestionarlos en depósitos de seguridad.

22. b) Clorofluorocarbonos (CFCs).

23. d) Contenedor marrón.

24. b) Contenedor amarillo.

25. d) 2022.

26. a) Suelos contaminados.

27. d) La Ley 22/2011, de 28 de julio, de residuos y suelos contaminados.

28. b) Promover la prevención en materia de residuos y su gestión sostenible.

29. b) Recoger aceites y grasas en recipientes metálicos para su posterior incineración.

30. b) Deben ser de cierre hermético y fácil limpieza.

Salud laboral: condiciones de trabajo y seguridad en la cocina. Especial referencia al puesto de Auxiliar de Cocina. Factores de riesgo. Medidas de prevención y protección

1. ¿Qué Ley regula la prevención de riesgos laborales en España?

a) Ley 31/1995, de 8 de noviembre.
b) Real Decreto 513/2017, de 22 de mayo.
c) Ley 17/2011, de 5 de julio.
d) Ley 28/2015, de 30 de julio.

2. ¿Cuál es una de las medidas preventivas para evitar caídas al mismo nivel en una cocina?

a) Usar guantes de protección.
b) Limpiar inmediatamente los derrames de aceites y grasas.
c) Mantener siempre la temperatura de la cocina baja.
d) Trabajar en silencio para evitar distracciones.

3. ¿Qué se debe hacer antes de comenzar a trabajar con equipos eléctricos en la cocina?

a) Comprobar que todos los cuchillos están afilados.
b) Asegurarse de que no haya productos químicos cerca.
c) Realizar un control visual para detectar defectos en los cables y enchufes.
d) Llenar los recipientes de cocina con agua.

4. ¿Cuál es el límite de exposición en una cámara frigorífica de más de cinco hasta dieciocho grados bajo cero?

a) 8 horas con descanso de 10 minutos cada 2 horas.
b) 6 horas con descanso de 15 minutos cada hora.
c) 4 horas sin descanso.
d) 10 horas con descansos según necesidad.

5. ¿Qué medida preventiva se debe tomar al trabajar con freidoras en la cocina?

a) Usar siempre guantes térmicos.
b) No llenar los recipientes hasta arriba.
c) Mantener siempre encendidos los fogones cercanos.
d) Evitar el uso de utensilios de metal.

6. ¿Cuál de los siguientes es un riesgo ergonómico en la cocina?

a) Trabajar en un ambiente bien ventilado.
b) Manipular cargas superiores a 3 kg.
c) Utilizar guantes de protección.
d) Trabajar con utensilios afilados.

7. ¿Qué tipo de calzado se recomienda en la cocina para prevenir caídas?

a) Calzado con suela antideslizante.
b) Sandalias abiertas.
c) Zapatillas de tela.
d) Botas con punta de acero.

8. ¿Cuál es la causa más común de accidentes biológicos en el ámbito de la cocina?

a) Inhalación de vapores tóxicos.
b) Pinchazos con agujas infectadas.
c) Cortes con cuchillos contaminados.
d) Manipulación de alimentos contaminados.

9. ¿Qué se debe hacer en caso de detectar un aparato eléctrico en mal estado?

a) Continuar usándolo hasta que se apague solo.
b) Marcarlo como averiado y comunicar los daños para su reparación.
c) Repararlo personalmente.
d) Desconectarlo y dejarlo en su lugar.

10. ¿Qué es una medida preventiva frente al estrés térmico en la cocina?

a) Evitar el uso de utensilios de metal.
b) Ventilar adecuadamente el puesto de trabajo.
c) Mantener todos los fogones apagados.
d) Usar siempre ropa de lana.

11. ¿Cuál es una medida preventiva recomendada al manipular sustancias químicas peligrosas en la cocina?

a) Usar utensilios de madera para mezclas.
b) Realizar mezclas de productos para mejorar la limpieza.
c) Utilizar los productos en sus envases originales.
d) Guardar los productos en cualquier envase disponible.

12. ¿Cuál de los siguientes factores de riesgo es un agente biológico?

a) Ruido.
b) Bacterias.
c) Frio.
d) Lejía.

13. Según la Ley 31/1995 de Prevención de Riesgos Laborales (LPRL), ¿qué debe hacer un empleador en una cocina para garantizar la seguridad de los trabajadores?

a) Proveer solo formación sobre el uso de equipos de cocina.
b) Evaluar los riesgos específicos y proporcionar equipos de protección personal.
c) Prohibir el uso de sustancias químicas en la cocina.
d) Exigir que los empleados trabajen en silencio para evitar distracciones.

14. Eliminar la suciedad, papeles, derrames, grasas, desperdicios y obstáculos contra los que se pueda tropezar y retirar los objetos innecesarios y utensilios que no se estén utilizando, es una medida preventiva para evitar:

a) Caídas al mismo nivel.
b) Cortes y heridas.
c) Incendios.
d) Todas con correctas.

15. Señala cuál de las siguientes opciones no es una medida preventiva, frente a quemaduras por el contacto con objetos o gases calientes:

a) Comprar máquinas y utensilios seguros que tengan el marcado CE.
b) No llenar los recipientes hasta arriba.
c) Comprobar el termostato de la freidora antes de la introducción de alimentos.
d) Todas son correctas.

16. No es un factor de riesgo de incendio y explosión:

a) Sólidos inflamables (papel, trapos, cajas).
b) Sustancias cáusticas y corrosivas.
c) Líquidos inflamables (disolventes, alcoholes).
d) Presencia de focos de ignición.

17. Es un riesgo ergonómico:

a) Estar en contacto con productos que contienen sustancias químicas peligrosas.
b) Realizar trabajos con manejo de cargas o posturas forzadas.
c) Las situaciones de trabajo que producen estrés.
d) Todos son riesgos ergonómicos.

18. Los equipos de protección individual están destinados:

a) Al uso personal.
b) A la comunidad.
c) A un equipo de trabajo.
d) A quien lo necesite.

19. ¿Qué actuaciones debe adoptar el empresario para la elección de los equipos de protección?

a) Analizar y evaluar los riesgos existentes que no puedan evitarse o limitarse suficientemente por otros medios.
b) Definir las características que deberán reunir los equipos de protección individual para garantizar su función.
c) Comparar las características de los equipos de protección individual existentes en el mercado.
d) Todas son correctas.

20. ¿Cuál/es de estas medidas preventivas ayudarán a evitar las quemaduras en el trabajo?

a) Orientar los mangos de los recipientes hacia el interior de los fogones.
b) Evitar el desbordamiento de líquidos calientes comprobando los niveles antes de la introducción de alimentos.
c) Evitar el desbordamiento comprobando los niveles antes de la introducción de alimentos.
d) Todas las respuestas son correctas.

21. ¿Cómo se denomina la fuerza del ruido?

a) Tono.
b) Intensidad.
c) Timbre.
d) Volumen.

22. ¿Qué causa de riesgo se asocia caídas a distinto mismo nivel?

a) Calzado inadecuado.
b) Falta de orden y limpieza.
c) Suelos mojados o resbaladizos.
d) Limpieza de escaleras fijas.

23. ¿Cuál es el peso máximo que se recomienda no sobrepasar (en kg), en condiciones ideales de manipulación?

a) 5 kg.
b) 20 kg.
c) 25 kg.
d) 35 kg.

24. Para la manipulación de cargas en postura sentada (en kg), no deberían manipularse cargas de más de:

a) 1 kg.
b) 5 kg.
c) 10 kg.
d) 15 kg.

25. ¿Cuál es el principal objetivo de la salud laboral o salud ocupacional?

a) Mejorar la productividad laboral.
b) Promover el bienestar físico, mental y social de los trabajadores.
c) Garantizar que los empleados usen equipo de protección.
d) Aumentar el salario de los trabajadores.

Solución al test n.º 10

1. a) Ley 31/1995, de 8 de noviembre.

2. b) Limpiar inmediatamente los derrames de aceites y grasas.

3. c) Realizar un control visual para detectar defectos en los cables y enchufes.

4. b) 6 horas con descanso de 15 minutos cada hora.

5. b) No llenar los recipientes hasta arriba.

6. b) Manipular cargas superiores a 3 kg.

7. a) Calzado con suela antideslizante.

8. d) Manipulación de alimentos contaminados.

9. b) Marcarlo como averiado y comunicar los daños para su reparación.

10. b) Ventilar adecuadamente el puesto de trabajo.

11. c) Utilizar los productos en sus envases originales.

12. b) Bacterias.

13. b) Evaluar los riesgos específicos y proporcionar equipos de protección personal.

14. a) Caídas al mismo nivel.

15. d) Todas son correctas.

16. b) Sustancias cáusticas y corrosivas.

17. b) Realizar trabajos con manejo de cargas o posturas forzadas.

18. a) Al uso personal.

19. d) Todas son correctas.

20. d) Todas las respuestas son correctas.

21. b) Intensidad.

22. d) Limpieza de escaleras fijas.

23. c) 25 kg.

24. b) 5 kg.

25. b) Promover el bienestar físico, mental y social de los trabajadores.

Cómo acceder al Curso

Auxiliar de Cocina
Test

El uso de los códigos **es exclusivo de los compradores de los productos de Editorial MAD**. Cada producto posee un código único y de un solo uso. Es personal e intransferible y da acceso a servicios y contenidos adicionales. Editorial MAD se reserva el derecho de hacer cuantas comprobaciones sean necesarias para identificar al legítimo poseedor del código y dejar de dar servicio a quien haga uso fraudulento del mismo, además de emprender cuantas acciones legales estime oportunas según la legislación vigente.

Deberás acceder a:

mad.es/registro-campus

Si una vez aceptadas las condiciones de uso del Campus decides hacer uso del mismo, necesitarás del siguiente código de acceso junto con los códigos del resto de títulos que se exigen (si fuera el caso):

4IG9FQN2XR